是的，你就是想得太多

在簡單中，自己的內在世界才是富足的。
只有這樣，幸福人生才會距離我們越來越近，
甚至會發現自己處於幸福之中。

簡單一點，
再簡單一點！
奢侈與舒適的生活，
會妨礙人類的進步。

愛喝可樂的金叔叔／

前言：不要想太多，真的沒有什麼用

不要想太多，真的沒有什麼用。曾經有一位學習語言的人說，以前的人沒有多媒體教學，也可以把英語學好，說一口純正流利的英語，比現在很多人說得更好。現在的人們有太多選擇，多媒體教學和各種影片的助力，反而學不好的卻大有人在。究其原因，可能是人們的時間有限，沒有時間浪費在那麼多輔助學習上，不如一本教材書可以學得滾瓜爛熟。

現實中，我們經常因為平白無故地設想很多問題，進而讓自己變得憂心忡忡，甚至焦頭爛額、無所適從，不知道自己存在的意義。回過頭會想，不如少想一些問題，只想一件事情，或是不延伸問題，不做無謂的想像。

例如：不必擔心明天到底會不會下雨，明天的公車會像往常一樣，在同一時間出發。不必去想沒有錢會怎麼辦？家人和朋友是你的支柱，只要你有健康的心態，透過自己的努力，一切都會有的。**不必過於內疚和自責自己犯過的錯誤，因為很少人會關注別人的錯誤，人們的遺忘超過你的想像，很多時候只**

是自己無法放過自己。

……

總之，少想一些無關緊要的事情，尤其是那些讓自己不快樂的事情。人類的大腦是一個處理器，有很多資料需要處理，如果總是想著某件事情，它的記憶就會越深刻越強化，而且總是提及那些糟糕的事情，自己的心情會受到影響，行為也會受到影響，進而影響自己的工作和生活。

因此，我們要學會克服負面情緒，放下心靈包袱；少想一些沒用的，多想一些有用的；減輕心靈負擔，舒緩焦慮壓力，讓自己變得更專注，更積極地去做事，也讓心理垃圾無處遁形，徹底消散。

其實，想太多又有什麼用？高速發展的社會，我們每天要處理很多事情，怎麼有時間用在空想和多想上。你遇到的很多事情，別人也會遇到，況且每個人的問題，歸根結底是自己要去處理。**別人可以快樂地生活，其實你也可以，只要抱持積極健康的心態就可以。**

不可否認，學習、工作、戀愛、生活中，難免會遇到無法解決的事情或是想不開的事情，這個時候不妨提醒自己，先靜下來，少想一些，調整心態，換一個角度來思考問題，也可以運用瑜伽和冥想等方法，少想一些問題，讓自己可以排除雜念，累積積極向上的能量。

不要想太多，你會發現每件事情都有自己的結局；不要想太多，你會發現生活越來越簡單而富足。

目錄

第2章 想法簡單一些，沒有什麼不好

第3章 不要讓「想得太多」毀了你

第4章 我也不希望想得太多，但總是無法控制

第7章 一切都是最好的安排

第8章 修養心靈，祛除不良的想法

第1章

你是否總是想得太多？

想太多，讓你成為問題先生

「你想太多了。」這句話雖然很普通，但是出現的頻率很高。有時候，我們還會埋怨別人，「你想太多了」。可是我們難免以責人之心責己，於是經常犯一個錯誤——想太多了。有時候，已經知道自己想太多，但是無法控制自己，還會繼續想，有時候卻無法自知，因為想太多而成為問題先生。

問題是想出來的

很多問題都是想出來的，如果我們改變想法，人生就會有巨大的改變。

心理學家在許多學生中挑出一個最愚笨而不受人喜愛的女孩，並且要求她的同學們改變以往對她的看法。在一個風和日麗的日子裡，同學們爭先恐後地照顧這個女孩，向她獻殷勤，送她回家，認定她是一個漂亮聰慧的女孩。結果不到一年，這個女孩竟然與以前判若兩人。她愉快地對人們說，自己就像獲得新生。因為她改變想法，不再思考消極的事情，以前那個最愚笨而不受人喜愛的女孩不見了。

很多事情就是這樣，不能想太多，想太多放不下，只是自己的修行不夠而已。

老和尚與小和尚要過一條小河去拜訪另一個山上的高僧。他們到了河邊的時候，剛下完雨，河裡的水流比平時還要湍急。河邊有一位漂亮女孩，大概是因為水流湍急，不敢過河。

老和尚走過去，主動背那位女孩過河。過河以後，那位女孩向老和尚表示感謝，就和他們道別。接著，他們繼續趕路。

等到他們拜訪那位得道高僧以後趕路回家的時候，小和尚不解地問老和尚：「你經常教誨我們戒色，你為什麼還要背那位女孩過河？」

老和尚一愣，好像是想不起來的樣子，過了一會兒回答：「我已經放下了，你還沒有放下嗎？」

小和尚想了一路，困惑了一路，還沒有放下，但是老和尚幾乎已經忘記了。在老和尚心中，這件事情平常得不值得記憶，只是日常行善而已。

很多事情都是想出來的，不想就沒有。做一個「庸人自擾」的問題先生，一點也不好，所以做人不要想太多。如果要想，也不要想那些讓人焦慮的事情，只想有意義的事情就好，秉持一種積極的心態，摒棄雜念地生活，就會發現更好的自己。

不要被別人的觀點影響自己

生活在這個世界上的人，無論是誰，都會受到別人的觀點影響，但是我們不能讓別人的影響把自己變成問題先生。

誠然，多參考別人的觀點才可以避免犯錯，社會才會井然有序。毫無疑問，這是我們作為社會人的一個象徵，我們無法脫離社會而獨立存在，我們不能不受別人的影響。但是我們也不能完全被外界支配，「走自己的路，讓別人去說吧」，有一定的道理。因為如果沒有自己的見解，做任何事情都會被束縛，無法隨意思考、無法隨意行動、內心受到拘束……你是否意識到，別人的觀點已經成為束縛某些人的手銬和腳鐐？

為了不束縛於常識又不誤入歧途，我們必須擁有自己的「尺度」。「尺度」是在遵守社會常識的前提下，獨自做出不拘泥於常識之判斷的指南，是用自己的方式解釋萬事萬物的根據。

某位女孩做麵條的時候，一會兒爸爸說稠，一會兒媽媽說稀，結果她不停地加水，加麵粉，加水，加麵粉……最後，麵條沒有做好，所有人都餓暈了。

如果我們遇到類似問題，首先要從自己的身上找原因。因為只有親力親為地做幾次，才有可能知道什麼是適度的，而不是聽別人說如何如何。

禪語「冷暖自知」，就是強調實踐的重要性。這句禪語的意思是說，放在容器中的水，只依靠目視無法判斷是「冷」還是「暖」。除了實際觸摸或是喝過以外，沒有其他方法可以判斷其「冷暖」。換言之，實踐比思考更重要。

現代社會是一個資訊社會，無論我們想要獲取什麼知識，都可以輕鬆得到。但是網路資訊繁多，是否可以立刻得到正確答案，就需要自己保持清醒的頭腦，不被別人的錯誤觀點影響。

不必焦慮太多，很多名人和你一樣

有研究顯示，人們的智商和天賦都是均衡的。有些人還沒有發現自身才能的時候，往往無法把握自己的長處，學無成就，做無成果。這可能是因為環境條件或形勢迫使而無法顯示自己的才能，然後在坎坷中忘記自己要走下去的路途。其實，只要我們可以找到自己的長處，並且堅定信心，一定會有結果的。而且有很多例子顯示，那些名人和我們一樣，也會遇到各種各樣的問題，而且有時候他們面對的問題比我們面對的問題還要多。

達爾文在其自傳中表示，自己的才能很平凡：「我的記憶範圍很廣，但是非常模糊。」「我在想像上不出眾，也談不上機智，因此我是蹩腳的評論家。」他也對自己無法自如地用語言表達思想深感不滿：「我很難明晰而簡潔地表達自己的思想……我的智慧有一個不可救藥的弱點，使我對自己的見解和假說的原始表述不是錯誤就是不通暢。」

經濟學家馬克思有許多天賦，但是他在寫給妻子許多詩以後，發現自己不具備傑出的詩才，並且做出深刻的自我解剖：「模糊而不成形的感情，不自然，純粹是從頭腦裡虛構出來的。現實和理想之間的完全對立，以及修辭上的斟酌，代替詩的意境。」

作家朱自清也曾經分析自己缺乏小說才能的短處，在散文集《背影》自序中說：「我寫過詩，寫過小說，寫過散文。二十五歲以前，喜歡寫詩，近幾年詩情枯竭，擱筆已久……我覺得小說非常地難寫，不用說長篇，就是短篇，那種經濟的、嚴密的結構，我一輩子也寫不出來。我不知道怎樣處置我的材料，使它們各得其所。至於戲劇，我更是始終不敢染指。我所寫的大抵還是散文多。」

其實，每個人都有自己的某種優勢，都有適合自己的工作和事業。同時，我們不是完人，不可能在每個領域都十分突出，有時候甚至缺陷十分明顯。不同的人，身體素質必定千差萬別，有些多條理，善於分析；有些多靈氣，富有幻想；有些擅巧計，能於謀略；有些富形象，善於表演。只要準確找到自己成功的目標或方向，我們的機會或早或晚就會到來。

只要少一些焦慮，多一些堅定，認定自己的目標，一件事情一件事情的解決，就會發現自己與眾不同，也有大放光彩的一面。

你總是幻想得太多，卻行動得太少

很多時候，你覺得自己擁有萬丈豪情和鴻鵠壯志，但是往往事與願違，甚至一事無成。**究其原因，可能是你幻想得太多，卻行動得太少。**

想要專注於自己真心想要做的事情，必須先將以前說過的話和做過的事放在一邊，自己切斷後路。從現在開始，只剩下你和自己的夢想，已經不能走回頭路。就像你憑藉一根即將斷裂的藤蔓越過山谷一樣，現在你已經沒有後路可退，你已經站在山谷的另一邊，接下來要面對的是：應該採取怎樣的行動來完成自己的夢想。

如果你將「如何」完成自己的夢想和「什麼」是自己的夢想混為一談，將會註定此生平庸，永遠無法將自己的欲求變成現實。因為這個「如何」會一直打擊你，並且阻礙「什麼」的完成，最後你會失去嘗試和跨出下一步的勇氣和信心。

有一個名叫席維亞的美國女孩，她的父親是波士頓有名的整形外科醫生，母親在一所聲譽卓著的大學擔任教授。她的家庭對她有很大的幫助和支持，她有機會實現自己的理想。

她從念中學的時候開始，一直夢寐以求地想要成為電視節目的主持人。她覺得自己具有這個方面的才能，因為她和別人相處的時候，即使是陌生人也願意親近她，並且和她長談。

她知道如何從別人口中「掏出心裡話」，她的朋友們都說她是自己的「親密的隨身精神醫生」。她自己經常說：「只要有人願意給我一次做電視節目主持人的機會，我相信一定可以成功。」

但是，她為了達到這個理想而做出什麼？其實什麼也沒有！她在等待奇蹟出現，希望立刻成為電視節目的主持人。

席維亞不切實際地期待，結果什麼奇蹟也沒有出現。

沒有人會雇用一個毫無經驗的人擔任電視節目的主持人，而且節目的主管也沒有興趣跑到外面去搜尋天才，都是別人去找他們。

另一個名叫辛蒂的女孩卻實現席維亞的理想，成為著名的電視節目主持人。辛蒂之所以會成功，就是因為她知道，「天下沒有白吃的午餐」，成功要依靠自己的努力去爭取。她不像席維亞那樣有可靠的經濟來源，所以沒有白白地等待機會出現。

她白天去工作，晚上在大學的舞台藝術系上課。畢業之後，她開始找工作，跑遍洛杉磯每個廣播電台和電視台。但是，每個地方的節目主管對她的答覆都一樣：「不是已經有幾年經驗的人，我們是不會雇用的。」

但是她不願意退縮，也沒有等待機會，而是去尋找機會。她閱讀廣播電視方面的雜誌幾個月，最後終於看到一則徵人廣告：北達科他州有一家很小的電視台，應徵一位預報天氣的女孩。

辛蒂是加州人，不喜歡北方。但是有沒有陽光，是不是下雨都沒有關係，她希望找到一份和電視有關的工作，做什麼都可以！她抓住這個工作機會，動身到北達科他州。

辛蒂在那裡工作兩年，最後在洛杉磯的電視台找到一份工作。又過了五年，她終於獲得升遷，成為自己夢想已久的節目主持人。

席維亞那種失敗者的思路和辛蒂那種成功者的觀點正好背道而馳，分歧點就是：席維亞在十年中，一直停留在幻想上，坐等機會；辛蒂則是採取行動，最後終於實現夢想。和席維亞相比，不空想而是找方法實踐的辛蒂是我們學習的榜樣。

選擇太多，需要放棄的也很多

有一位智者讓自己的徒弟們去找最大的麥穗，結果徒弟們穿過一片麥田，幾乎都是兩手空空而歸，因為他們不知道哪一個才是最大的。我們經常會面臨很多選擇，就像網路購物的人自嘲自己是剁手族，因為進入購物網站以後，覺得這個也好看，那個也不錯，這個便宜，那個款式新……最後都放到購物車裡，這就是不知道如何選擇造成的。

為自己定位，明確人生方向

我們知道，買再多的鞋子，也只能穿一雙。其實，人生也是一樣。很多時候，你只能選擇一個方向。所以，我們必須為自己定位，明確人生方向。

著名史學家方國瑜小時候除了刻苦攻讀學堂課程以外，還會利用假日跟從和德謙先生專攻詩詞。他欽佩李白，羨慕蘇軾，企望自己有朝一日也可以成為一位詩人。但是幾年過去了，卻始終無法寫出一篇像樣的詩詞。

一九二三年，他赴京求學。臨行時，和德謙先生誦王阮亭「詩有別材，非關書也；詩有別趣，非關理也」之句以贈，指出他生性質樸，缺乏「才」「趣」，無法成為詩人，但是如果可以勉力，「學理」可就，將會成為一位學人。

方國瑜銘記導師之言，到京以後，師從名家，幾載治史，小有成就。後來，他著成《廣韻聲匯》和《困學齋雜著五種》兩本書。從此，他更是立定志向，終生於中國史學研究。

為自己定位，不是死硬的強求，而是認識到自己的不足，發揮自己專長的一種變通。

我們首先應該給自己一個明確定位，自己到這個世界上究竟是做什麼的，必須有一個十分清晰的描述。離開這個描述，我們就會迷茫，就會失去前進的方向，就會在許多十字路口徘徊，這樣的人生是沒有意義的。

研究自己的目的是為了更清楚地認識自己，找到與自己的素質相對應的目標，依靠自己素質上的信號找到這個目標以後，才可以心無旁騖攻其一點，取得進展，由此及彼，不斷擴大。

「認識你自己」，被公認為希臘哲人最高智慧的結晶。一個不斷經由認識自己和批判自己最終改造自己的人，智慧才有可能漸趨圓熟而邁向充滿機會之路，也可以避免很多人生不必要的麻煩，活出一個通透的自己。

不思八九，常想一二

民國開國元老于右任先生，一生飽經滄桑，卻可以淡泊寧靜，榮辱自安。他的高壽養生之道，就是懸掛在客廳中的一副對聯：「不思八九，常想一二」，橫批：「如意」。

人生數十年如一日，苦也是一日，樂也是一日。一個樂觀的人，可以把不如意的事情看成是上天最美麗的恩賜。人生不如意之事，十有八九，想要如意，為何不「不思八九，常想一二」，多接受正面積極的資訊？其實，無論做什麼事情，都應該摒棄一些多餘的想法，只留下自己一心想要達到的目的。往好的方面看，好的情緒就會有好的導向，促成事情往好的結果發展。

這一年，有一個書生已經是第三次進京趕考，住在一個經常住的旅店裡。考試的前一天晚上，他做了三個夢：第一個夢是夢到自己在牆上種菜；第二個夢是下雨天，他戴著斗笠還打傘；第三個夢是夢到跟心愛的表妹脫光衣服躺在床上，但是背靠著背。

這三個夢剛好發生在考試的前一天，而且印象很清晰，似乎有什麼寓意。第二天早上，書生立刻去找會算命之人解夢。算命的人一聽，連拍大腿說：「請恕我直言，你這次考試不去也罷。」書生急忙問為什麼，算命的人說：「你夢到在牆上種菜，不是白忙一場嗎？戴著斗笠還打傘，不是多此一舉嗎？跟心愛的表妹脫光衣服躺在床上，但是背靠著背，不是沒戲嗎？」

書生聽後，心灰意冷，沮喪地開始收拾行囊，準備回家再苦讀三年，希望自己下次會有好運氣。他正在整理行囊的時候，旅店老闆走過來問他：「你是來趕考的士子吧，不是明天才考試嗎，怎麼今天就要回鄉？」

書生將昨晚做的夢以及今天算命之人的解夢告訴老闆。老闆聽後，沉吟一陣，對書生說：「你這樣想就錯了，我反而覺得你這次要留下來。」書生又問為什麼，老闆說：「我也學過解夢，讓我為你解夢。在牆上種菜，不是高中（種）嗎？戴著斗笠還打傘，不是有備無患嗎？跟表妹脫光衣服背靠背躺在床上，不是翻身的時候就要到了嗎？」

書生聽後，精神振奮，信心大增地參加考試，果然進士及第。

看完這個故事，我們會覺得書生應該感謝旅店老闆的提醒，也讓我們進一步感悟到自己，很多時候是不是也是這樣，如果不考慮和憂心那些阻礙成功的想法，只朝會成功的目標邁進，原先想過的麻煩事情可能都不會發生。所以，在做一件事情的時候，不妨摒棄其他的雜念，一心做一件事情就好。

失去就失去，不要給自己增添煩惱

很多煩心的事情都是自己找的，一個人不讓自己煩惱，別人很難讓他煩惱，讓他生氣。

一次，美國總統羅斯福家中失竊，被偷去許多東西，一位朋友聞訊以後，急忙寫信安慰他，勸他不必太在意。羅斯福寫了一封回信給朋友：「親愛的朋友，謝謝你寫信安慰我，我現在很平安。感謝上帝！因為：第一，賊偷去的是我的東西，而沒有傷害我的生命；第二，賊只偷去我部分的東西，而不是全部；第三，最值得慶幸的是，做賊的是他，而不是我。」

失竊本來就是不幸的事情，如果因此生氣、傷心、埋怨，只會讓煩惱雪上加霜。然而，羅斯福將這件事情當作一件好事，並且找出三個感恩的理由，這是一種常人難以企及的境界。

這樣的理由其實也可以用在情感方面。很多人失戀以後，就覺得天也變了，地也變了，要死不活的，找不到自己。

遭遇巨大的變故，適當的情緒發洩沒有什麼不妥當，但是不能過頭。我們的一生，活著的時間只有幾萬天，快樂也是一天，鬱悶也是一天。所以，即使遭遇巨大的變故，也要找到自我化解的方法，不要給自己增添煩惱。這樣一來，才可以不為打翻的牛奶瓶而哭泣。

面對選擇，應該「隨處做主，立處皆真」

「隨處做主，立處皆真」是佛家在《金剛經》裡的一句話，意思是說：不要隨順自己的各種煩惱，看世相的時候可以知曉它的緣生緣滅，內心不那麼執著、不起妄念、不貪嗔，可以勇敢擔當，做好自己的本分，不為外界的煩惱而困擾，不為流言蜚語而困惑，這就是「隨處做主，立處皆真」。如果可以隨處做主，隨處都是真的。

無論什麼場合，我們都會面臨難以選擇的局面。例如：在選擇工作的時候，「這家公司的前景好像不錯」「這家公司的條件不錯」「要是按照興趣來選擇，這家公司更好」「如果考慮薪資，這家公司也不錯」……由於選擇過多，我們迷失方向，對自己的判斷力失去信心，進而不知道自己到底要做什麼。本來，我們在選擇工作的時候，「自己想要做什麼」才是最關鍵的考慮因素，因為選擇什麼工作與「如何生活下去」密切相關。

過多資訊的出現，使我們無法辨別什麼是「自己想要做的事情」和「自己喜歡的生活方式」。如何避免這種情況，或是做出最佳的選擇，就需要我們用心和專注。用心就是認真思考，問自己到底需要的是什麼；專注就是選擇以後一心一意去做好。這樣一來，無論在何時，身處何地，都可以成為自己的主人。這就是「隨處做主，立處皆真」在今天的運用。

目標不清楚，就會輕易放棄

目標的作用不僅是界定追求的最終結果，在人生旅途中也可以產生關鍵作用，更是成功的動力。目標為我們提供一種自我評估的重要手段，如果你的目標是具體的，是看得見摸得著的，就可以根據自己距離最終目標有多遠來衡量目前取得的進步。

一九五二年七月四日清晨，加州海岸瀰漫濃霧。在海岸以西二十一英里的卡塔利娜島上，一個三十四歲的女人準備從太平洋游向加州海岸，她的名字是佛羅倫絲・查德威克。

那天早晨，霧很大，海水凍得她身體發麻，她幾乎看不到護送自己的船。時間一個小時一個小時的過去，千千萬萬人在電視機前觀看。有幾次，鯊魚靠近她，被人開槍嚇跑了。

十五個小時之後，她又累又冷，身體凍得發麻。她知道自己不能再游了，就叫人拉她上船。她的母親和教練在另一艘船上，他們告訴她海岸很近了，叫她不要放棄。但是她向加州海岸望去，除了濃霧以外，什麼也看不到。

人們拉她上船的地點，距離加州海岸只有半英里！後來她說，讓她半途而廢的不是疲勞，也不是寒冷，而是因為她在濃霧中看不到目標。查德威克小姐一生中只有這次沒有堅持到底。後來，過了一段時間以後，她瞭解目標的重要性，不到十四個小時就游過海峽。

無論何時，目標都可以催人上進，並且給人動力。有時候，目標超過預期或是不明確，就會打擊實施者的積極性，進而輕易地放棄，忘記初衷，以至於以前的努力前功盡棄。

還有一點很重要，目標必須是具體而可以實現的。如果目標不具體——無法衡量是否實現，反而會降低自己的積極性。

正如十八世紀發明家與政治家富蘭克林在自傳中所說：「我總是認為，一個能力一般的人，如果有一個好計畫，是會大有作為的。」

多餘的擔心和抱怨有什麼用？

有一位兒子問媽媽：「為什麼我們是窮人？」

媽媽回答：「因為你爸爸從來沒有做富翁的念頭。」

現實中的人們，是不是每天沉浸在自己是窮人的想法中，卻從來沒有想過怎樣才可以成為富翁？多餘的擔心和抱怨確實沒有用，想到問題就去解決，才是王道。

不要為自己的長相而煩惱

很多人為自己的長相而煩惱，其實這有什麼好煩惱的？

菲律賓有一個外交部長叫做羅慕洛，由於身材矮小，曾經自慚形穢。為了不被別人歧視，他經常穿高跟鞋走路。但是他只有一百六十公分左右的身高，穿上高跟鞋又有多高？這樣做的結果，只是引來更多人的嘲笑。

人類的相貌都是天生的，既然沒有機會去選擇，灑脫一些豈不是更好？終於有一天，羅慕洛意外得知自己的身高超過拿破崙，之前對於身高的煩惱全部消失了。他開始勇敢地面對現實，脫下高跟鞋，發誓永遠不再穿。

羅慕洛不再計較自己的身高之後，就把全部精力用在工作上，最終取得令人矚目的成就，成為著名的政治家、聯合國的發起人之一。

有些人問他為什麼不再為身高生氣的時候，羅慕洛坦率地說：「如果我長得高大英俊，說出的話不管多麼有水準，人們都會認為是理所當然的。但是我現在其貌不揚，別人很容易認為我沒有什麼水準，這個時候我再說出有水準的話，別人就會感到意外，對我刮目相看。」

生活中，每個人都有缺陷，每件事情都不完美。如果做人做事都要追求完美，無異於自尋煩惱、自討苦吃。維納斯的雕像是一件不尋常的傑作，在古代西方藝術史上佔有重要地位。這座雕像有如此巨大的魅力，就是因為殘缺的雙臂，給人們留下充分的想像空間，彰顯出一種神秘感，透出攝人心魄的缺陷美。

承認自己的缺陷和不完美，接納自己的缺陷和不完美，這是一個成熟的人應該有的智慧。事實上，每個人都是不完美的，但是過分地追求完美，甚至不惜代價地竭力偽裝，不僅會活得很累，有時候還會弄巧成拙，造成不必要的損失和傷害。

想要幸福，就要學會自我接納。不為自身的缺陷而煩惱，不為自身的長處而驕傲，坦然接受現實中的自己。

絕對的完美是不存在的

一個男人來到一家婚姻介紹所找對象。進門以後，男人看見面前有兩扇門，一扇門上寫著「美麗的」，另一扇門上寫著「不太美麗的」。男人推開「美麗」的門，面前又是兩扇門，一扇門上寫著「年輕的」，另一扇門上寫著「不太年輕的」。男人推開「年輕」的門，面前又有兩扇門，一扇門上寫著「聰明的」，另一扇門上寫著「不太聰明的」……

就這樣一路走下去，男人先後推開八道門。他來到最後一道門前的時候，門上只寫著一行字：你喜歡的女人過於完美，還是到天上去找吧！

這個笑話說明一個道理：這個世界上，沒有十全十美的人，也沒有絕對完美的事情。因此，我們不要過分追求完美，尤其是對於自身的相貌。

有一個樵夫在山上砍柴的時候，撿到一塊很漂亮的玉，他非常喜歡。然而，讓樵夫覺得可惜的是，這塊玉上面有一些瑕疵。

樵夫心想，如果可以把這些瑕疵去掉，這塊玉就會完美無瑕，到時候就會非常值錢。於是，他把玉敲掉一個小角，但是瑕疵還在；再去掉一角，依然有瑕疵……最後，瑕疵被去掉了，玉也被敲得支離破碎。

愛美是人類的天性，我們也是在這種愛美之心的驅使下，不斷完善自己，使鏡子中的那個人看起來越來越好。但是凡事都要適度，如果對長相上的缺陷耿耿於懷或是暗自生氣，其實大可不必。完美只是一句具有誘惑力的口號，也是一個漂亮的陷阱。既然如此，不妨減少對完美的苛求，也可以減少擔心和憂慮。

你抱怨的煩惱都會消失

我們大多數的煩惱，都是來自於人際關係。同事關係、鄰里關係、同學關係、朋友關係、家人關係、兄弟姐妹關係、親戚關係……在錯綜複雜的人際關係網中生存的我們，如果某一層關係出現問題，就會陷入煩惱和不安之中。

「和那位主管不合，無論我怎麼努力，未來也是一片渺茫……」
「這位同事看起來像一個好人，其實是一個信不過的人。」
「隔壁的鄰居，感覺總是躲著我……」

總之，如果我們變得消沉，就無法變回積極。一般情況下，會一直懈怠下去，隨著時間的推移，負面情緒會越來越濃。其實，仔細回想起來，只是一些問題累積在自己心裡，形成一個巨大的障礙。實際上，無論是主管還是朋友，他們沒有對你做出不好的事情，只是你被當時的負面情緒刺激，只看到對方的某一面。

毫無疑問，只憑藉一些「資訊」或是自己的片面看法，就以厭煩情緒和消極態度否定對方的所有方面，絕對會做出錯誤的評價。如果可以發現對方的另一面，與你相處不融洽的主管會變成雖然嚴厲但是重視你的主管，無法信任的同事會變成值得你敬重的同事，總是躲著你的鄰居會變成雖然有些保守但是十分善良的鄰居。在你眼裡，他們都是「好人」。這樣一來，你的煩惱也會蕩然無存。

一位哲人曾經說：「生活是不公平的，你要去適應它。」如果你對現狀不滿意，就積極地改變它，用自己認為正確的方式表達自己的意見和想法，就會發現更美的天空。

抱怨對工作百害而無一益

有一個人，整天對別人抱怨自己的工作有多麼糟糕。有一次，他又向一位智者訴苦：「你知道的，世界上再也沒有比工作更折磨人的事情。」接下來，自然又是一大堆的抱怨。

「請你原諒，」智者打斷他的話說：「據我所知，工作不像你說的那樣，它並非是一件苦差事。」

「你在說什麼呀？」這個滿腹牢騷的人大叫，「工作不是一件苦差事嗎？」

「你錯了，」智者安靜地看著他，接著說，「工作應該是一種幸福的差事，我們有什麼理由把它當作苦差事？」

「是嗎？也許你的工作是那樣。」這個可憐的人苦笑著說，「可是我的工作太枯燥，我實在無法感覺到有什麼幸福可言！」

「你又錯了，」智者認真地分析說，「其實，問題不是出在工作上，而是出在你身上。如果你無法熱情地對待工作，即使讓你做自己喜歡的工作，一個月以後，你依然會覺得它乏味至極。」

那個人若有所悟，開始認真思考關於工作熱情的問題。

不要在同事之間抱怨，抱怨會讓你的同事很難忍受，而且很難讓同事對你完全放心，想要建立良好關係就會在不知不覺中受到阻撓，你的抱怨不停地在毀壞這種關係，就像是在即將收穫的麥田裡下冰雹一樣不合時宜。抱怨者的本意可能是要讓別人替自己打開一扇門，結果卻是使別人把那扇本來為自己敞開的窗也關閉。這樣一來，更不利於工作的進行。

其實，工作不只是謀生的手段。我們把它看作一種快樂的使命，並且投入自己的熱情，工作就不是一件苦差事。

工作是為了自己更快樂！做快樂而成功的工作，是一件多麼划算的事情啊！

愛默生曾經說：「有史以來，沒有任何一件偉大的事業不是因為熱情而成功的。」

抱怨者在抱怨之後，沒有宣洩自己的灰色心情，只是渲染加重這一點，而且浪費時間。抱怨不是舒緩壓力和解卸包袱，而是在自己脖頸上套枷鎖，讓自己重新陷入一種臆想的抱怨泥潭之中。

可見，抱怨只是一種消極的人生態度，無異於在為人們表演自己的無能，消極地表達自己的無能，是在有意無意中渲染自己的軟弱。

所以，抱怨不僅對工作毫無益處，對自己的生活也沒有任何好處。

第2章

想法簡單一些，沒有什麼不好

你簡單，世界就簡單

「你簡單，世界就簡單！」這不是一個簡單的口號，而是許多人得出的真理。有一個父親，因為兒子吵鬧，就把一幅世界地圖剪碎，交給兒子拼圖。兒子只有五歲，他以為兒子至少要用三個小時才可以完成，可是兒子卻在幾分鐘內全部拼完，因為世界地圖的背面是一個人的頭像。其實這也是說明，我們的世界都是自己內心的映照，我們面臨的困難都是自己對待世界的心態。再怎麼複雜的事情，如果可以簡單對待，就不會那麼困難。

用最簡單的那個方法解決問題

十四世紀英國聖方濟各會的修士威廉，曾經在牛津大學和巴黎大學學習。他知識淵博，能言善辯，被人們稱為「駁不倒的博士」。

他提出一個「奧卡姆剃刀」的原理，其大意是：大自然不做任何多餘的事情。如果你有兩個原理，它們都可以解釋客觀事實，你應該使用簡單的那個，因為簡單的解釋往往比複雜的解釋更正確；如果你有兩個類似的解決方案，選擇最簡單而且需要最少假設的解釋，最有可能是正確的。如果用一句話來解釋「奧卡姆剃刀」原理，那就是：「把繁瑣累贅一刀砍掉，讓事情保持簡單。」

「奧卡姆剃刀」理論問世以後，成就一個又一個傑出的科學家，例如：哥白尼、牛頓、愛因斯坦，都是在「削」去理論或是客觀事實上的累贅之後，最後「剃」出精煉得無法再精煉的科學理論。

奇異公司的傑克・威爾許是商界的傳奇人物，被許多媒體譽為「二十世紀最偉大的CEO」「全球第一專業經理人」。他也是深得威廉修士的真傳，提出「成功屬於精簡敏捷的組織」的管理思想，用一把銳利的剃刀剪去奇異公司背負很久的複雜和官僚等弊病，使得奇異公司可以在二十年之間，從一個痼疾叢生的企業變成一個充滿競爭力的企業巨人。

經過數百年的歲月滄桑，「奧卡姆剃刀」已經超越原本狹窄的領域，具有更豐富和深刻的意義。如果在生活中，我們可以勇敢地拿起「奧卡姆剃刀」，以簡單的心態做人，去繁就簡，把複雜事情簡單化，就會發現心情變得更輕鬆，距離成功也會更近。

簡單是智慧的活法

在這個紛繁複雜的社會中，有時候我們感到活得實在太累了。許多人生難題擺在我們面前，需要我們去破譯，去求證，去解答……一個人的智慧和力量畢竟是有限的，面對生活的大網和亂麻似的人生，我們往往顯得力不從心，甚至有一種「貧血」的感覺。

其實，人生本來有很多選擇，也有很多活法，我們卻過於追求完美，把原本很簡單的事情搞得很複雜，因此經常被弄得很苦很累。例如：同是生命的個體，本來是相互平等，卻要仰人鼻息、察人臉色、揣人心事，日子過得誠惶誠恐，毫無滋味。本來是一件很容易處理的事情，卻總是謹慎有餘，小心翼翼，害怕觸動那張敏感的關係網。一次又一次，面臨人生旅途中的一些選擇，我們本來不需要動太多腦筋，卻要瞻前顧後，左顧右盼，結果喪失最佳時機，後悔不迭……

因此，我們不妨簡單一些。生活對每個人都是公平的，有得就有失，有失就有得，得與失是可以相互轉化的。只要擁有一顆平常心，善待生活中的不平之事，與世無爭，知足常樂，少一分嫉妒，多留一些時間和精力做自己喜歡的事情，命運的光環就會降落在自己的頭上。

即使命不由人，也不必斤斤計較，你走你的陽關道，我過我的獨木橋，你有你的活法，我有我的活法，眼睛裡何必揉進讓自己難受的沙子。拋去名利，放開權欲，以簡單之心度過輕鬆而快樂的人生。若干年以後，我們回憶往事的時候，就不會感到寂寞，不會牢騷滿腹而怨天尤人。

在是非面前，我們也不妨簡單一些。社會是一盤雜菜，什麼貨色都有，是非自有公論，道德自有評價。對此，我們不必理會誰在背後說人，誰在人前被人說，也不必理會誰投來的一抹輕蔑，誰射來的一瞥白眼。對那些微妙的人際關係，我們不妨視而不見，充耳不聞，排除一切有形或無形的干擾，不計較自己是吃虧還是佔便宜。**只要擁有一顆正直的心，心中的陰霾就會一掃而空，心境也會變得明朗和愉快。**

在待人處世方面，我們也不妨簡單一些。我們總是生活在一定的社會環境中，每天都要和許多人打交道。對家人，對同事，對鄰居，對朋友，其交往程度還是平淡一些更好。君子之交淡如水，何必糾纏於那些不勝其煩的繁文縟節上。只有脫去一切偽裝，真誠待人，相互寬容，相互幫助，有快樂共同分享，有困難共同分擔，人與人之間才會架起一座理解與信任的橋樑，人間的真情才會開出絢麗的花朵。

生活是豐富多彩的，如晴空，如白雲，如彩虹，如霞光，只要我們以簡單之心去面對複雜的世界，生活的瓊漿就會汩汩而出，釀造出最甜美的生活之汁。

這個世界不複雜，複雜的是人們自己，只要我們想得簡單一些，生活的天空就會一片明媚。

簡單，就是富足

心存簡單，不痴心妄想，不矯情造作，就是一種瀟灑自如的生活態度，就不會為一些雞毛蒜皮的小事耿耿於懷，更不必刻意掩飾什麼或是戒備什麼。如果做事是越簡單越有效，做人就是越簡單越幸福。

有一個弟子問慧海禪師：「師父，你到底有什麼與眾不同的地方，可以活得如此瀟灑自在？」慧海回答：「沒有什麼啊！如果說一定要有，我與眾不同的地方就是：睏了睡覺，餓了吃飯。」弟子大吃一驚，反問：「這算是什麼與眾不同？每個人都是這樣啊！」慧海聽了呵呵一笑，說：「我應該吃飯的時候就吃飯，其他什麼也不想，吃得安心舒坦。應該睡覺的時候就睡覺，所以從來不做噩夢，睡得輕鬆自在。」

在華人首富李嘉誠家人的心中，最感到幸福的不是他們富可敵國的財富，而是一家人團聚的時候。無論工作如何繁重，每逢星期一，李嘉誠一家人必定在家中吃一頓飯。吃得很簡單，就是清淡的四菜一湯。

吃飯的時候，兩個兒子坐在李嘉誠旁邊，經常你一言我一語，說得非常開心，一家人其樂融融地享受天倫之樂。李嘉誠的小兒子李澤楷說：「我覺得自己很幸運，可能是其他人想不到的，我們的生活是那樣簡單，不是說簡單就是非常好，而是簡單原來就是非常幸福。」

一次讚揚，一個玩具，甚至一顆石頭，都會讓一個孩子覺得開心。為什麼？就是源於他們心靈的單純。為什麼我們總是感覺做人太複雜，因為我們總是殫精竭慮地思前想後。這樣一來，精神無法得到放鬆，思想無法得到清靜，心情不可能快樂，幸福就成為天方夜譚。因此，我們不妨簡單做人。在簡單中，自己的內在世界才是富足的。只有這樣，幸福人生才會距離我們越來越近，甚至會發現自己處於幸福之中。

讓自己變得簡單

簡單是一種智慧，是一種經歷複雜之後更上一層樓的徹悟。

簡單是一種美，是一種智者具有的高品味的境界。

簡單絕對不是簡化和原始，而是一種大徹大悟之後的昇華。高僧的生活簡單，因為他們已經參透人生的真諦，看清世界的實質，他們的思想達到更高的境界。齊白石畫蝦，寥寥幾筆，就把蝦畫得活靈活現，栩栩如生，那是因為他的藝術修為和畫技更高。普通人如果不下功夫去練習，也學他那幾筆，畫出來的東西可能他自己也認不出。

某人請一位畫家為自己畫一幅馬，畫家答應十年以後給他。十年後，那個人來取畫。畫家把他領到畫室，展開畫紙，揮動畫筆，很快就畫好一幅馬。

來人非常不解，而且不滿地質問畫家：「既然你可以很快就畫好，為什麼讓我等了十年？」

畫家沒有立刻回答他，而是把他帶到另一個房間，裡面堆滿畫家練畫的時候用過的畫紙，只見地上堆滿馬的圖畫。畫家語重心長地對來人說：「我花費十年的時間，才做到這麼短時間畫好一幅馬的畫。」

簡單是一種境界，只有經過一番苦練才可以達到。簡單做人也是一種境界，一種比複雜的人生更高的境界。名利、地位、金錢、事業有成、出人頭地、飛黃騰達，是一種人生，但是未免過於複雜，行動未免受到太多的牽制，做什麼事情都要三思而後行，一項沒有想到就會出錯。

簡單做人，不依附權勢，不貪求名利，無怨無爭，也是一種人生。這種人生為自己而活，不必看別人的臉色行事，想笑就笑，想哭就哭，快樂自在。雖然沒有人送禮，沒有人吹捧，但是也沒有人惦記，出門不用小心壞人，工作不用提防小人，生活反而更輕鬆，這種人生更精彩。

簡單做人，灑脫自在。簡單是一種平淡，但不是單調；簡單是一種平凡，但不是平庸；簡單是一種美，是一種原滋原味的美。

司湯達曾經說：「人類之所以要存在於世，目的不是在於富有，而是在於幸福。」想要幸福，就讓自己變得簡單吧！

簡單做人，把複雜的問題簡單化

在現實生活中，很多人想要逃避紛繁複雜的事物，只是苦於無從擺脫。其實，有很多事情是我們自己誇大它，有許多簡單的問題被我們附加很多不必要的步驟而變得複雜。

作家荷馬・克羅伊講述一個自己的故事：

過去我在寫作的時候，經常被紐約公寓照明燈的響聲吵得快要發瘋。後來有一次，我和幾個朋友出去露營，我聽到木柴燒得很旺的響聲，突然想到：這個聲音和照明燈的響聲一樣，為什麼我會喜歡這個聲音而討厭那個聲音？回來以後我告誡自己：火堆裡木頭的爆裂聲很好聽，照明燈的聲音也差不多。我可以蒙頭大睡，不理會這些噪音。結果，頭幾天我還會注意照明燈的聲音，可是不久我就完全忘記它。

很多憂慮也是如此。我們不喜歡一些小事，結果弄得自己很沮喪。其實，我們都誇張那些小事的重要性。

梭羅有一句名言，感人至深：「簡單一點，再簡單一點！奢侈與舒適的生活，實際上妨礙人類的進步。」生活上的需要簡化到最低限度的時候，生活反而更充實，因為我們已經不必為了滿足那些不必要的欲望而使心神分散。簡單不是粗陋，不是做作，而是一種真正的大徹大悟之後的昇華。

簡單地做人，簡單地生活，也沒有什麼不好。金錢、功名、出人頭地、飛黃騰達，當然是一種人生，但是可以在燈紅酒綠、推杯換盞、斤斤計較之外，不依附權勢，不貪求金錢，心靜如水，無怨無爭，擁有一份簡單的生活，也是一種很愜意的人生。不必挖空心思去追逐名利，不必留意別人看自己的眼神，沒有鎖鏈的心靈，快樂而自由，隨心所欲，想哭就哭，想笑就笑，雖然無法活得出人頭地，但是又有什麼關係？

古人云：「天下難事，必做於易。」做人簡單，事情就不會複雜。如果自己的內心減少雜念，沒有私欲，就會如釋重負，心靈的翅膀就會無憂無慮地在幸福的天空中飛翔。

其實，生活未必要轟轟烈烈，「雲霞青松作我伴，一壺濁酒清淡心」，這種意境清靜自然，像清澈的溪流一樣富有詩意。生活在簡單中有簡單的美好，這是生活在喧囂中的人渴求不到的。簡單的生活其實是很迷人的：窗外雲淡風輕，屋內茶香縈繞，一束插在牛奶瓶裡的漂亮水仙，穿透潔淨的耀眼陽光，美麗地開放著；在陽光燦爛的午後，終於又來到年輕的時候流連過的山坡，放飛童年時的風箏；落日的餘暉之中，安靜地享受夕陽下清心寡欲的快樂……

活得簡單一些，這就是人生的最深內涵。

其實，這個世界不複雜，複雜的是人們自己，只要我們想得簡單一些，生活的天空就會一片明媚。

少一分計較，多一分豁達

人類的社會性決定每個人都會遇到許多人，經歷許多事，想要正確地做人處事，就要有正常的心態和處理事務的能力。少一分計較，多一分包容；少一分患得患失，多一分豁達坦然，就是做人處事的最大智慧。

想得開，看得透，隨遇而安

《淮南子》中，曾經有一個故事：

有一位住在長城邊的老翁養了一群馬，其中一匹馬忽然不見了。家人們非常傷心，鄰居們也趕來安慰他，他卻沒有任何悲傷的情緒，反而對家人和鄰居說：「你們怎麼知道這不是一件好事？」眾人頗感驚愕，都認為是老翁因為失馬而傷心過度，在說瘋話，就一笑置之。

可是事隔不久，人們逐漸忘記這件事情的時候，老翁家丟失的那匹馬竟然自己回來了，而且帶回來一匹漂亮的馬。家人們喜不自禁，鄰居們驚奇之餘也很羨慕，紛紛前來道賀。老翁卻無半點高興之意，反而憂心忡忡地對眾人說：「唉，誰知道這會不會是一件壞事？」眾人聽了都笑起來，以為老翁是樂瘋了。

果然不出老翁所料，事過不久，老翁的兒子在騎那匹漂亮的馬的時候摔斷腿。家人們很難過，鄰居們也前來看望，只有老翁顯得不以為然，而且似乎有些得意之色。眾人感到不解，問他何故，老翁卻笑著回答：「又怎麼知道這不是一件好事？」眾人不知所云。

事隔不久，戰爭爆發，所有的青壯年都被強行徵召入伍。戰爭相當殘酷，前去當兵的鄉親，十有八九都在戰爭中送命，老翁的兒子卻因為腿跛而未被徵用。他也因此倖免於難，可以與家人相依為命，平安地生活在一起。

這個故事就是「塞翁失馬，焉知非福」的出處。老翁高明之處就在於明白「禍兮福所倚，福兮禍所伏」的道理，可以做到任何事情都可以想得開和看得透。

順其自然，成事在天

順其自然是最好的活法，不抱怨、不嘆息、不墮落，勝不驕、敗不餒，只顧奮力前行，只走屬於自己的路。中國有一句俗話：「謀事在人，成事在天」，「成事在天」就是一種順其自然。只要自己努力了，問心無愧就知足了，不奢望太多，也不失望。

順其自然不是隨波逐流和放任自流，而是應該堅持正常的學習和生活，做自己應該做的事情，瞭解自己的人生方向以後，踏實地順著這條路走下去。有人曾經問游泳教練：「在江河中遇到漩渦怎麼辦？」教練回答：「不要害怕。只要沉住氣，順著漩渦的自轉方向奮力游出，就可以轉危為安。」順其自然也是如此，它不是「逆流而動」，也不是「無所作為」，而是按照正確的方向去奮鬥。

人生如同一艘在大海中航行的船，偶爾遇到風暴是無法改變的事實，只有順其自然，學會適應，才可以戰勝困難。現實生活中，我們應該學會順其自然，依據具體情況做出適當調整。

順其自然不是宿命論，而是在遵守自然規律的前提下積極探索；順其自然不是不作為，而是有所為，有所不為。

順其自然，是樂觀的處事妙方，是豁達的生存之道，是高超的入世智慧。

不計較小事，生活中的煩惱就會減少

有一個人，夜裡做了一個夢。在夢中，他看到一位頭戴白帽、腳穿白鞋、腰佩黑劍的壯士，向他大聲叱責，並且向他吐口水，嚇得他立刻從夢中驚醒過來。

次日，他悶悶不樂地對朋友說：「我從小到大從未受過別人的侮辱，但是昨夜夢裡卻被人辱罵並且吐口水，我心有不甘，一定要找出這個人，否則我會一死了之。」

於是，他每天早上起來，就站在人潮往來的十字路口，尋找夢中的敵人。幾個星期過去了，他仍然找不到這個人，結果竟然自刎而死。

看完這個故事，你也許會嘲笑主角的愚蠢。做夢是一件極其平常的小事，做噩夢也是常有的事情，怎麼可以為此而大動干戈？可是生活中就有許多人為小事抓狂，為一些小事而和別人翻臉，甚至大打出手。

不要為小事抓狂，對待一些委屈和難堪的遭遇，要在內心將其轉變成另一種心情，以健康積極的態度去化解這些問題。如果可以從中得到更大的益處，不也是另一種收穫嗎？

用一則故事來說明這個道理非常合適：有一個人經過一棵椰子樹，一隻猴子從上面丟一個椰子下來，打中他的頭。這個人摸了摸腫起來的頭，然後把椰子撿起來，喝了椰子汁，吃了椰子肉，最後用椰子殼做一個碗。

我們對小事缺乏足夠的承受能力，說明我們沒有把精力放在更重要的事情上。因此，面對生活中的煩惱，我們首先要問自己：「這是我的生活目標中至關重要的事情嗎？為此花費時間與精力值得嗎？」我們集中精力追求自己夢想的時候，生活中的煩惱就會減少，我們就不會再為小事抓狂，因為我們在自己夢想的追求中實現自我價值，就不會在意身邊這些麻煩的事情。

過於計較眼前得失，容易失去長遠利益

某個著名的成功學家曾經說過一個事例：

我曾經遇到一個人，他說老闆只付他一個月兩萬元薪水，一直不給他加薪，因此他一個月只做價值兩萬元的事情。我告訴他，這個想法實在大錯特錯。

假如你只做價值兩萬元的事情，如何有理由要求老闆加薪？你必須主動做出超過價值兩萬元的事情，甚至價值三萬元以上的事情，才有理由要求加薪！然而，現實中有很多人的想法卻是本末倒置，所

以他們一直悶悶不樂，無法找到快速提升自己的方法。他們一直維持現狀，卻總是怪罪別人，甚至抱怨命運對自己不公平。

在賓夕法尼亞的山村裡，曾經有一位出身卑微的馬夫。他後來成為美國著名的企業家，他驚人的魄力和獨特的思想，為世人所欽佩。他就是查爾斯•希瓦柏先生。

他小時候的生活環境非常貧苦，只受過幾年的教育。從十五歲開始，他就在賓夕法尼亞的一個山村裡趕馬車謀求生路。兩年之後，他謀得另一個工作，每個星期只有二十五美元的報酬。在這段期間，他每時每刻都在尋找機會。皇天不負苦心人，過沒多久，他就成為卡內基鋼鐵公司的一個工人，日薪一美元。做了沒多久，他就升任技師，接著升任總工程師。過了五年，他兼任卡內基鋼鐵公司的總經理。到了三十九歲，他躍升為美國鋼鐵公司的總經理。

他由弱而強的秘訣是：每到一個位置，從來不把多少月薪放在心裡，最注重的是把新的位置和過去的位置進行比較，看看是否有更大的發展前途。

他還是一個工人的時候，就暗自下定決心：「總有一天，我要做到高層管理，我一定要做出成績給老闆看，讓他自動為我升遷。我不計較薪水，我要努力工作，我要使自己的工作價值遠遠超過自己的薪水。」

他每次獲得一個位置的時候，總是以同事中最優秀者作為目標。他從未像一般人那樣不切實際，那些人經常不願意使自己受到規則的約束，經常對公司的待遇感到不滿，做白日夢等待機會從天而降。希瓦柏深知，一個人只要有遠大志向並且付諸實際行動，就一定可以實現夢想。他從來不妄想一步登天，充滿樂觀和自信，做任何事情都竭盡所能，他的每次升遷都是水到渠成而勢所必然。

在現代企業中，許多人工作是為老闆工作。為老闆而工作的人，前進動力的唯一來源就是老闆的薪水。在這樣的企業中，只有老闆是為自己工作，因為他的企業就是他的一切。如果全部的員工都可以用老闆的心態工作，就會把老闆的企業也視為自己的企業，工作是為自己而工作，這樣的人不計較報酬，追求更高的境界和奉獻。**世間無數的事例顯示，那些不計較報酬的人，報酬更容易登門拜訪；那些把公司當成自己公司的人，公司也會把他當成自己人，給予其更高更好的平台。**

只要你是金子，別人總會看到你放出的光芒。因此，不要過於計較眼前的利益。付出之後，收穫就會隨之而來，只是時間早晚的問題。那些總是在等待別人先付出以後自己才願意付出的人，已經在無形中陷入某種被動的境地，間接弱化自己具有的能量，難以吸引正面的能量。

目標清晰者，可以最早到達終點

我們的一生，想要走向成功，就要有自己的目標。如果沒有目標，猶如大海上沒有舵的船或是看不到燈塔的船，就會在暴風雨中茫然不知所措，以致迷失方向，無論怎樣奮力航行，終究難以到達彼岸，甚至船破舟沉。有些人一生忙碌卻一事無成，就是因為沒有目標，導致人生的航船迷失方向。

無論做什麼，必須明白自己的目標

在所有的藉口中，有一些藉口經常被人們利用，以此來表現自己不願意做看起來很困難的事情。人們經常會這樣說：「這個問題很困難，我無能為力」「我以前沒有做過這個」「這個不歸我管」「我不會做」……喜歡拿這些作為藉口的人，大多是比較因循守舊的人，這些人在工作上缺少自動自發的精神，不會主動解決問題和困難，更談不上創新。藉口會讓這些人停止在以往的經驗和思維慣性中，很難有所突破。

實際上，有些問題看起來很困難，但是如果著手解決，就會發現不像人們形容得那麼困難。甚至在有些經驗豐富的高手看來，這些問題根本不算是問題，只要用對方法，就可以順利解決，也就是我們經常說的「會者不難」。

在那些面對困難總是找藉口的人之中，除了少數人經驗不夠或是欠缺知識，使他們面對困難的時候感到頭疼以外，大多數人不是完全不會，而是不願意想辦法來解決問題。這些人在尋找藉口的時候，經常用「不」「不會」「不知道」「不想」「不擅長」等否定詞，以此表示自己「不會做」。如果不主動探尋做事的最佳方法，就會覺得很多事情非常困難，也就是我們經常說的「難者不會」。

如果有人說：「我沒有足夠的經驗和能力來完成某個工作」，這種說法其實是在為自己找藉口，這樣的藉口無法獲得對方的同情和諒解，反而會讓人認為此人難以重用。

其實，無論做什麼事情，只要自己想要做，就會想辦法去完成。

某公司的業務員麥可為每天的工作制定計畫，並且嚴格按照計畫去完成，在規定的期限內必須做完某件事情才可以下班。經理十分欣賞這個認真做事的業務員，麥可也沒有辜負經理對自己的信任，出色地完成每項工作。

其實，麥可進入公司的時候沒有什麼工作經驗，而且在同時進入公司的同事中也不是能力最強的。經過一段時間的努力，麥可的業績提升了，他規定自己每天必須拜訪五個客戶，從開始到現在，沒有一天拜訪的客戶少於五個。麥可認為，每天的工作就是一個累積的過程，只有為自己設定期限，才不會滋生偷懶的行為，也不會用各種藉口為自己開脫。因為那樣不僅會耽誤工作，也無法提升自己的業績。

很多人在工作中取得成績，並非因為他們的天資多麼聰穎，而是在於他們的自制力更強。對自己約束力比較強的人，會在期限內完成任務甚至提前完成；喜歡找藉口的人，即使有期限約束，也會在藉口的掩飾下「違規」。

無論是什麼事情，如果按照規定的方法去完成，享受正確做事的過程，即使有疏忽，也會在下次做得更好。

目標清楚，不是片面的結果論，而是正確對待結果的心態，清楚自己想要的，也要明白付出才會有結果。尊重過程，也是明白目標的一種，在完成的過程中，自己會從中成長，享受到完成的樂趣。

沒有目標，就像無頭的蒼蠅

沒有目標，我們只能在生命的旅途中猶豫徘徊，永遠無法到達目的地。就像空氣和水對於生命一樣，沒有空氣和水，我們就無法生存。

塞內卡有一句名言：「如果一個人活著，不知道自己要駛向哪個碼頭，任何風都不會是順風。有些人活著沒有任何目標，他們在世間行走，就像河中的一棵小草，他們不是行走，而是隨波逐流。」

在生活的海洋中，想要做一個成功的舵手，首先必須確立明確的人生目標。人生沒有明確的目標，生活就會盲目漂移，做事就會沒有方向感，進而敷衍了事，臨時湊合，最後失去責任感。沒有目標，英雄毫無用武之地。

我們要制定正確的目標，要符合現實狀況，不能脫離實際，否則將會陷入理想破滅以後的惆悵與悲涼之中。例如：一個天生五音不全的人，沒有看過五線譜，卻想要成為歌唱家，他的目標恐怕難以實現。正確的目標是人生追求的基礎，離開正確目標的追求只是毫無目標的盲動，即使有所得也不會長久，在更多時候只是品嘗失敗的痛苦。

此外，人生的目標也要根據自身當時的情況適時加以調整，**「現實是此岸，理想是彼岸，中間隔著湍急的河流，行動是架在河上的橋樑。」**困難的不是確定目標，而是馬不停蹄地為實現目標而奮鬥。只有不斷地激勵自己，從偉大的實踐中吸取力量，從競爭中獲得壓力，才可以少惰性而多韌性。

適當的生活目標，可以使每個人充滿快樂。無所事事而自暴自棄地讓時光白白消逝，是人生最可悲的事情。有正確的人生目標並且為之奮鬥，日子才會過得充實，才會趣味盎然，才可以體會到原汁原味的甜美生活。

目標可以使你看清自己生活的使命

為自己設定目標之後，目標就會開始發揮作用：它是努力的依據，也是對自己的鞭策。目標給自己一個看得見的射擊靶，隨著自己努力實現並且接近這些目標，就會有成就感。對許多人來說，制定目標和實現目標就像一場比賽，隨著時間的推移，實現一個又一個目標。這個時候，自己的思想方式和工作方式就會逐漸改變，朝著新的目標努力和前進。

我們每天都有可能遇到對自己人生和周圍世界不滿的人。在這些對自己處境不滿意的人之中，九八％的人對心目中嚮往的世界沒有清晰的畫面，沒有可以追求的理想目標。一個人沒有目標就不會鞭策自己，結果終其一生平凡庸碌。

有一位醫生對壽命高達百歲以上的老人進行研究，他曾經讓人們思考，這些老人長壽有什麼共同的因素，大多數人都會列舉食物、運動、節制菸酒以及其他有助健康的因素。然而，令人驚訝的是，醫生告訴他們，這些老人在飲食和運動方面沒有什麼共同特點。真正有助於他們長壽的共同特點是對待未來的態度——他們都有人生目標。

以上各種事例證明，目標對於我們的人生至關重要。沒有目標，我們將會無法成長。因此，給自己一個目標，並且努力去實現。隨著一個又一個目標的實現，就會逐漸明白實現一個目標需要付出什麼努力，同時也可以引導自己制定更大的目標，實現自己更偉大的人生價值。

制定目標的一個最大好處，就是有助於自己安排日常工作的輕重緩急。沒有這些目標，我們很容易陷入與理想無關的日常事務中。一個忘記最重要事情的人，會成為瑣事的奴隸，把精力放在小事上，忘記自己本來應該做什麼。因此，想要發揮自己的潛力，就要全神貫注於自己有優勢並且有高回報的方面，目標可以幫助自己集中精力實現這些。此外，不停地在自己有優勢的方面努力的時候，這些優勢會進一步發展。最終，在達到目標的時候，自己成為什麼樣的人比自己得到什麼東西更重要。

雖然目標是等待將來實現的，但是目標可以使我們把握現在。因為每個重大目標的實現，都是幾個小目標實現的結果。所以，如果我們集中精力於現在手上的工作，心中明白自己現在的各種努力都是為實現將來的目標奠定基礎，我們就可以獲得成功。

無法獲得成功的人有一個共同的問題：很少評估自己取得的進步。大多數人不瞭解自我評估的重要性，或是無法度量取得的進步。

成功人士總是事前決斷，而不是事後補救；他們提前謀劃，而不是等待指示，他們不允許別人操縱自己的工作過程。

目標使我們把重點從工作本身轉移到工作成果。無法獲得成功的人經常混淆工作本身與工作成果，他們以為大量的工作尤其是艱苦的工作，就會帶來成功（任何活動本身，無法保證成功），這種想法顯然是不對的。**衡量成功的尺度不是做了多少工作，而是做出多少成果。**

明確的目標，是一切成功的起點

一個人有明確的目標，就可以產生前進的動力。目標不僅是奮鬥的方向，更是自我鞭策的需要。我們的世界需要改變，我們有能力選擇自己的目標。我們以積極的心態確定自己的主要目標，就可以距離成功更近一步。

羅伯特·克里斯多福具有確定的目標和積極的心態。像許多孩子一樣，他閱讀儒勒·凡爾納動人的幻想故事《環遊世界八十天》的時候，他的想像力被激發了。

羅伯特說：「我過去花費許多時間去做不切實際的夢想，直到我逐漸長大，讀了兩本勵志書：《思考致富》和《信任的魔力》，才變得接近實際。

「別人用八十天環繞世界一周。現在，我為什麼不能用八十美元環遊世界？我相信任何確定的目標都是可以達到的，如果自己有誠意和信心。也就是說，如果我從自己所處的地方出發，就可以到達自己想要到達的地方。我想，其他人可以在貨輪上工作而橫渡大西洋，再搭便車旅行全世界，我為什麼不可以？」

於是，羅伯特從自己的衣袋裡拿出一枝筆，在一張紙上列出一些自己可能會面臨的問題，並且記下解決每個問題的方法。他最後做出決定的時候，就立刻行動：

與查爾斯·菲茲藥物公司簽訂合約，向其提供所要旅行國家的土壤樣本；

以保證提供關於中東道路情況的報告作為交換條件，獲得一張國際駕照和一套地圖；

設法找到船員文件；

獲得紐約警察部門開具的關於自己無犯罪記錄的證明；

準備青年旅館會籍；

與一家貨運航空公司達成協議，只要他拍攝照片供公司宣傳之用，公司同意他免費搭乘飛機飛越大西洋。

這個二十六歲的年輕人完成上述準備工作的時候，就在衣袋裡裝了八十美元，搭乘飛機離開紐約市。最後，羅伯特·克里斯多福達到自己的目標：用八十四天環遊世界，用八十美元環遊世界。

所有成就的起點，都是積極的心態加上確定的目標。不妨問問自己：我的目標是什麼？我真正需要的東西是什麼？我想要在生活中得到什麼？

沒有人可以告訴我們應該擁抱什麼真理和信仰，我們必須依靠自己找到真理和信仰。如果我們不這樣做，缺少自我探索的過程，我們的真理和信仰就不會產生激勵自己的動力。

或許以下幾個問題可以幫助你明晰思路：自己想要成為什麼樣的人？自己被賦予什麼任務？自己最迫不及待想要做的事情是什麼？堅信這一生自己一定要完成的事情是什麼？

只有你可以決定自己要成為什麼樣的人，完成什麼樣的事情。只有你知道，什麼可以使自己滿足，什麼可以使自己有成就感。所以，從現在開始，挖掘自己的潛能，探索自己的內心世界。仔細想想，什麼可以使自己充滿熱情，又希望自己達到什麼目標。

把大目標細分

想要使事情順利完成，達到自己希望的目標，最好的方法是具體設定目標，然後在大目標之下，分層設定每個階段性目標，按照步驟地步步為營。

一般情況下，目標根據時間的長短，可以分為長期目標、中期目標、短期目標、近期目標。小目標是大目標的基礎，只要按照設定的小目標不斷地努力，最終就會實現大目標。

我們最想要完成的事情，可能是需要花費最多時間也是最困難的事情，但是只要把這件事情分成小塊來做，就不會再拖延，自己的願望也不會受到損害。

我們在做事的時候，不能把目標定得太大，否則就會無法實現。設定實際而具體的目標，可以鼓舞自己的士氣，增強自己的信心。設定具體的目標，有利於針對具體的目標而努力，使追求目標的行動更明確。

有人請教著名銷售大師坎多爾弗先生，問他怎樣成為汽車行業最頂尖的銷售人員。坎多爾弗回答：「因為我會給自己設定遠大的目標，並且有確實可行的實施方案。」

「是什麼方案？」眾人好奇地問。

「我會將年度的計畫和目標細分到每個星期和每天。例如：今年的目標是三千八百四十萬美元，我會把它按照十二個月分成十二等份，每個月完成三百二十萬美元就可以。然後再用星期來分，三百二十萬除以四，我就不用做三百二十萬美元的業績，只要每個星期做八十萬美元就可以。」

「八十萬美元還是太大，怎麼辦？」

「我會把它再細分下去，把它分成七等份，分出來的數字就是每天需要完成的目標。目標要定得夠大才會讓我興奮，接著再把目標分成一小塊一小塊，這樣就會確實可行。」

有些人總是設定很大的目標，想著這個月要獲得多少業績，一天要完成多少事情，卻想不出辦法如何實現這個目標，往往在還沒有為目標努力之前，就被龐大的數字和任務壓倒，最終只好放棄目標或是縮小目標。如果把大目標細分成小目標，再加上可行的計畫，就會產生事半功倍的效果。

第3章

不要讓「想得太多」毀了你

想太多的負面現象，會毀了你

想得再多也要有說做就做的魄力，否則想太多的負面現象，會毀了一個人。想太多通俗地說，就是前怕狼後怕虎，想太多的人會讓自己陷入思想的漩渦，想太多會變得敏感、多慮、斤斤計較、不自信、好嫉妒……

任何成功都需要實做，只是空想無法成事

成大事者必須明白一個道理：任何瞬間的靈感都離不開長期的埋頭苦幹。只有腳步不停，才可以不斷向前；只有勤奮，才可以征服一切。我們不能奢望同時是偉大的又是舒適的，懶惰會腐蝕一個人的身體和靈魂。

卡莉・費奧莉娜作為世界上最成功的女企業家，不僅是一個集美貌和智慧於一身的女性，更是一個敢於挑戰困難和善於把握機會的決策者，可是她的同事對她印象最深刻的卻是她工作的勤奮。

卡莉每天早晨四點起床，澆澆花，餵餵鳥，但是她的頭腦沒有閒著。她認為，早上是一天思維最活躍的時刻，最適於思考問題。她一邊餵鳥，一邊思考當天必須完成的工作，然後她頭腦清醒而目標明確地到公司，開始一天的工作。

她總是第一個到辦公室，忙起來經常沒有時間吃午飯，餓了就吃一些餅乾和麵包，經常工作到深夜，甚至到第二天凌晨。多少個夜晚，卡莉都是在自己的辦公桌前度過，有時候實在太累，就趴在桌子上小憩一會兒，然後打起精神繼續工作。卡莉認為，只有在全心投入到工作中的時候，才會覺得自己是最充實的。

她堅持和手下的審記人員與財務人員一起通宵達旦地工作，以確保第二天為股市提供的財務報表萬無一失。十幾個小時的長時間工作對她來說不是偶爾一次兩次，而是已經形成的一種習慣。全公司的人都知道勤奮努力和身先士卒是卡莉・費奧莉娜一貫的工作作風。

再看看作為世界首富的比爾・蓋茲是如何工作的：

比爾・蓋茲創業的時候，與保羅・艾倫全力經營微軟日常業務，經常一忙就是兩三天不闔眼，餓了就吃一個漢堡。他可以在任何地方休息，甚至趴在鍵盤上。那個時候，也許他深深地知道，微軟只是森林中一株剛冒出頭的芽草而已，如果他們不勤快地搶一些早晨的甘露和陽光，恐怕將來做一棵小草的資格也沒有，更不要說參天大樹！

微軟小有名氣以後，他更是不敢懈怠，因為這個時候的競爭對手更多了，所有人都虎視眈眈地盯著微軟的發展，看它是不是出現差錯和漏洞。這一切都迫使比爾・蓋茲在工作中更加慎重和周密，慎重和周密的直接結果就是讓他不得不更加勤奮。

他每年要花費許多時間穿梭於美國和世界，在這些旅途中，每個工作日可能長達十六個小時，令人疲憊不堪。在去國外的旅途中，他還要閱讀關於這個國家國情的書報或雜誌；他到達目的地以後，要會見微軟的當地代表，討論商務策略，還要向各種各樣的聽眾，包括政府官員、商界領袖、學生、新聞界人士，親自講解和示範微軟的產品，聽取他們的抱怨和建議。

在微軟總部的時候，晚上偶有閒暇，他就在公司裡走來走去，到處看看：不僅是去瞭解員工在做什麼，更是去瞭解他們在怎麼做。他嘗試去設身處地地感受人們怎樣看待他們面對的任務，他們都在想些什麼。他或許還會與最後一個離開辦公室的員工並肩走上幾步，詢問他對公司的項目或是更廣泛的技術有什麼看法。

無論怎麼樣的成功，都需要背後的實做，只是空想無法成事。這一點，誰也不能例外。

想要太多，會得不償失

這是一個極具誘惑力的社會，這是一個欲望膨脹的年代，人們的心裡總是充滿欲望和奢求。追名逐利的現代人，總是奢求穿要高級名牌，吃要山珍海味，住要鄉間別墅，行要寶馬香車，似乎一切都被欲望所支配。

法國啟蒙哲學家盧梭曾經對欲望旺盛的人做出極為適當的評價，他說：「十歲被點心、二十歲被戀人、三十歲被快樂、四十歲被野心、五十歲被貪婪所俘虜。人類到什麼時候才可以只追求睿智？」確實，人心無法清淨是因為欲望太多，欲望的溝壑永遠無法填滿，人心永遠不知足：沒有家產想家產，有了家產想當官，當了小官想大官，當了大官想成仙……精神上永無寧靜，永無快樂。

人們想要的太多，卻往往得不償失，甚至把自己賠進去。

俄國作家托爾斯泰曾經說過一個故事：

有一個人想要得到一塊土地，地主對他說：「清早，你從這裡往外面跑，跑一段就插一個旗杆，只要你在太陽下山以前趕回來，插上旗杆的土地全部歸你。」

那個人不要命地跑，太陽偏西了還不知足。太陽下山以前，他跑回來了，但是已經精疲力竭，摔個跟頭就沒有再起來。於是，有人挖一個坑，把他埋了。牧師在為這個人祈禱的時候說：「一個人要多少土地？就這麼大。」

人生的許多沮喪，都是因為自己無法得到想要的東西。其實，我們辛苦地奔波勞碌，最終的結局不都是只剩下埋葬我們身體的那點土地嗎？伊索說得好：「許多人想要得到更多的東西，卻把現在擁有的也失去了。」可以說是對「得不償失」最好的詮釋。

每個人都有欲望，想要美滿幸福的生活，希望豐衣足食，這是人之常情。但是，如果把這種欲望變成不正當的欲求，變成無止境的貪婪，就會無形中成為欲望的奴隸。然後，在欲望的支配下，為了權力，為了地位，為了金錢而削尖腦袋往裡面鑽。這樣的生活，真的是我們想要的嗎？捫心自問，這樣的生活，有可能不累嗎？被太多想要的東西沉重地壓著，有可能不精疲力竭嗎？靜下心來思考，有什麼目標真的非讓我們實現不可，又有什麼東西值得我們用寶貴的生命去換取？

讓我們斬除過多的欲望，將想要的東西減少再減少，進而讓真實的欲求浮現。這樣一來，我們才會發現，真實而平淡的生活是最快樂的。

不必放在心上的事情，就不要想太多

一個自以為很有才華的人，一直得不到重用。為此，他愁腸百結，異常苦悶。有一天，他質問上帝：「命運為什麼對我如此不公平？」上帝聽了沉默不語，只是撿起一顆不起眼的小石子，並且把它扔到亂石堆中。上帝說：「你去找回我剛才扔掉的那顆石子。」結果，這個人翻遍亂石堆，卻無功而返。

這個時候，上帝又取下自己手上的戒指，然後以同樣的方式扔到亂石堆中。結果這一次，他很快就找到那枚戒指——那枚金光閃閃的金戒指。上帝雖然沒有再說什麼，但是他卻突然醒悟了：自己只是一顆石子而不是一塊金光閃閃的金子的時候，就永遠不要抱怨命運對自己不公平。

許多人都有和這個人同樣的想法，他們總是說：「公司根本不瞭解我的實力」「主管沒有眼光，無論我多麼努力，也無法得到他的賞識」「別人都無法欣賞我的能力」……然而問題是，這真的是別人的錯誤嗎？

千萬不要做一個自己沒有實力卻責怪別人沒有眼光的人。如果你現在正在什麼地方受到冷落，被人忽視，不要怨氣沖天，你應該記住：自己是一個普通人，沒有人會太在意自己。

生活中經常會遇到許多事情，例如：說出不得體的話，被別人誤會，遇到尷尬的事情……我們不必耿耿於懷，更不必揪住所有人做解釋。因為事情過去以後，沒有人還有耐心去理會一句閒話，或是一個微小的失誤。你那麼念念不忘，說不定別人已經忘記了。反過來我們也可以問自己，別人的一次失誤或尷尬，真的會在自己的心頭揮之不去嗎？自己對別人的衣食住行真的那麼關心，甚至超過關心自己嗎？

人生中有那麼多事情，每個人自己的事情都處理不完，沒有人還會去關心與自己不相關的事情，只要你不對別人造成傷害，只要不損害別人的利益，沒有人會對你的失誤或尷尬太在意，也許第二天太陽升起的時候，別人什麼事情也沒有，只有你還在耿耿於懷。

晉代陶淵明在《擬輓歌辭》中寫道：「親戚或餘悲，他人亦已歌。死去何所道，托體同山阿。」想想也是，在你還沉浸在悲傷中的時候，別人已經踏歌而去，所以你要明白，在別人的心中，你沒有那麼重要。

所有的不堪和煩惱，只是自己杯弓蛇影的自戀和自虐，所有的擔心和疑惑，都是自己的原因。在別人的心中，自己不是那麼重要，一些在自己看來十分重要的事情，在別人眼裡或許根本無足輕重。這樣想來，自己的心裡就會多一分安然。

算計太多，終被算計

我們算計的事情，始終離不開因果。如果捨本求末，最終悔恨的是自己。於是，很多人說：「早知如此，何必當初」，在很大程度上歸於聰明反被聰明誤的算計。而且，一般情況下，很多人算計的都是自己身邊的人。這樣做的結果，是自己走的路越來越窄，如果再被人報復，就會使自己陷入更加不堪的境地。

想得到，就要做得到

失望的情緒大多源自於想得到卻未得到。每天想著獵物卻不實施狩獵行動的人，將會永遠處在失望的心境中。

傑克・威爾許曾經說：「如果你有一個夢想，或是決定做一件事情，就要立刻行動。如果你只想不做，是不會有收穫的，只會落得失望的結果。」

從這句話中我們就可以明白，自己為什麼有失望的感覺？人多是因為我們想到了，卻沒有達到預期的效果，這種現實和夢想的反差就會引起失望的情緒。在你失望的時候，有沒有想過這個問題：自己為什麼會失望？

或許這個問題問得有些愚蠢，失望無非是願望和初衷沒有得到滿足。為什麼沒有得到滿足？這個問題才是值得所有失望的人認真思考的——只是想得到，但是做不到，才是失望的根源。

一百次心動，不如一次行動。一百次的心動，如果沒有一次行動，就是一百次的失望。失望的情緒存在於很多人的身上，他們看到成功者的時候，這種情緒會更濃烈，因為這些成功者的想法或許是他們曾經想到的，可是那些人成功了而自己依然默默無聞，這種巨大的差異更會讓人深陷失望之中。

只是想得到，卻沒有實際行動，絕對無法得到理想的滿足，失望感就會油然而生。瞭解失望的原因以後，就可以克服這種境況，那就是：積極行動，不能只是想得到，更要做得到。

義大利著名航海家哥倫布經歷千難萬險終於發現新大陸。在西班牙舉辦的一次慶功宴上，有一位貴族驕傲地說：「哥倫布只是坐著輪船往西走，再往西走，然後在海洋中遇到一塊大陸而已。我相信我們之中的任何人，只要坐著輪船一直向西行，都會發現這個微不足道的陸地。所以，發現新大陸沒有什麼了不起，這是一件誰都可以辦到的小事，根本不值得如此張揚。」

旁邊一位船長嘆了一口氣，然後說：「說起這件事情，真是慚愧又失望。事實上，我也有這樣的想法，打算一直往西航行，這樣肯定會有什麼新發現，結果一直沒有機會去做，太可惜了，真是讓人失望！」

哥倫布聽了他們的談話，很有風度地說：「你說得沒有錯，這個世界上有很多事情真的很容易就可以做到。但是關鍵就是你是否想到了，然後也去做了。我可以榮幸地讓國王為我舉辦慶功宴，關鍵就是在於這個。」繼而，他又轉向那位錯失良機的同行，對他說：「你不要再沉浸在失望的心情裡，希望這次的經歷可以給你帶來啟迪，希望下次你也可以成功。」

從這個故事中我們可以看到，只是想到而不去做，才是失望的真正根源。很多美妙的想法，如果只停留在腦海裡而不落實到行動上，不僅沒有任何意義，反而會在別人成功以後產生失望的不良情緒，更不利於人生的健康成長。

每個人或許都有失望的經歷，我們可以靜下心來，仔細分析自己失望的原因，有多少次的失望是因為自己有美好的想法卻被別人捷足先登而造成？又有多少次的失望是因為自己想法在前，可是卻因為沒有付諸行動而以夭折告終而產生？失望的情緒沒有任何的積極意義，我們要克服失望感帶來的挫敗和消極，從這次的失望中獲得教訓，才可以避免下次因為同樣的原因導致失望。

優柔寡斷，什麼都會錯過

美國拉沙葉大學的一位業務員去拜訪西部一個小鎮上的房地產經紀人，想要把《推銷與商業管理》課程介紹給這位房地產經紀人。這位業務員到達房地產經紀人辦公室的時候，發現他正在一台古老的打字機上打著一封信。這位業務員進行自我介紹，然後介紹所推銷的這個課程。

房地產經紀人顯然是聽得津津有味，然而聽完之後，卻遲遲不肯做出決定。

業務員只好單刀直入：「你想要參加這個課程，不是嗎？」

房地產經紀人以無精打采的聲音回答：「我自己也不知道是否想要參加。」他說的是實話，因為當時像他這樣難以迅速做出決定的優柔寡斷的人有數百萬之多。

業務員站起身來，準備離開，但是接著他說的這段話使房地產經紀人大吃一驚：

「我決定向你說一些你不喜歡聽的話，但是這些話可能對你很有幫助。先看看你工作的辦公室，地板髒得嚇人，牆壁上全是灰塵。你現在使用的打字機，好像是洪水時代諾亞先生在方舟上使用的。你的衣服又髒又破，臉上的鬍子也沒有刮乾淨。你的眼神告訴我，你已經被打敗了。」

「現在我告訴你，你為何失敗。那是因為：優柔寡斷的你，沒有做出一項決定的能力。在你的一生中，你一直養成一種習慣：逃避責任，無法做出決定。錯過今天，即使你想要做什麼，也無法辦到了……」

「我的批評也許傷害你，但是我希望可以觸動你。現在我以男人對男人的態度告訴你，我認為你很有智慧，而且我確定你很有能力。你不幸養成一種讓自己失敗的習慣，但是你可以再度站起來。我可以扶你一把，只要你願意原諒我剛才說過的那些話。你不屬於這個小鎮，這個地方不適合從事房地產生意。趕快替自己找一套新衣服，即使向別人借錢也要買來，然後跟我到聖路易斯。我會介紹一個房地產經紀人和你認識，他可以給你一個賺大錢的機會，同時可以教導你有關這個行業的注意事項，你以後投資的時候可以運用。你願意跟我來嗎？」

三年以後，這個去除優柔寡斷弱點的房地產經紀人開了一家擁有六十個業務員的公司，成為聖路易斯最成功的房地產經紀人之一。

不知道滿足，就不會幸福

在商業社會，每個人都有基本的物質需求，也有對金錢的需求。俗話說：「錢不是萬能的，但是沒有錢萬萬不能。」但是我們不能放任自己的欲望，不能「人心不足蛇吞象」。

我們有貪念，不僅會「塞智為昏」，還會「銷剛為柔」，使自己喪失骨氣，變得軟弱低賤。貪也會使自己對親人和朋友「變恩為慘」，不念親情和友情，變得狠毒刻薄。例如：兄弟爭家產，打得死去活來；曾經共同創業的朋友，為了爭股權，打起沒完沒了的官司……原本純潔的一個人，變得人品汙濁。所以，貪是「第一可賤可恥」的東西，就像蒼蠅逐臭和蜣螂逐糞，有貪念的人就會和醜惡攪在一起。

科學家曾經透過實驗發現，豬的記憶力極差，有些豬兩天之中挨打幾次還是不會忘記吃，貪食和缺乏記性是豬只記得吃不記得打的原因。

古人以不貪為寶，所以超越一世，留其美名。有一個人得到一塊玉，獻給子罕，子罕不受。獻玉的人說：「玉匠看過了，他說這是寶物，我才敢獻給你。」子罕說：「我以不貪為寶，你以玉為寶。你要是把它給我，我們就會喪失自己的寶，不如你我都留著各自的寶。」

東漢時期，有一位清官叫做楊震，他曾經推舉一位叫做王密的人做官。一次，楊震路經王密擔任縣令的昌邑縣，王密殷勤款待，報謝恩師。深夜，王密來拜見楊震，見室內無人，迅即從懷中捧出十斤黃金，說是為報栽培之恩。

楊震連忙辭絕：「以前我舉薦你，是因為你有才學。可是今日你這樣做，太不應該了。」王密說：「反正是晚上，沒有外人知道，你就收下吧！」楊震正色道：「天知，地知，你知，我知，怎麼可以說無人知道？」王密只好收起黃金，謝罪而去。

「貪」與「不貪」不是一個人對一個問題的是非判斷，而是與一個人的為人修養有密不可分的關係。一般人都看重利益，品行廉潔高尚的人都看重自己的名聲。「進不失廉，退不失行」是《晏子春秋》的一句名言。君子愛財，應該取之有道。過度的物質享受是沒有意義的，我們應該追求人格的完美，而不是貪婪，因為貪婪帶來的只是自私、刻毒、吝嗇、欺詐、背信棄義等人類的劣根性。

每個人都懂得權衡利弊，兩利相權取其重，兩害相權取其輕。道理很簡單，用不著多說，問題是：我們的權衡標準是否正確？我們取的「大利」真的大嗎？如果只是以「錢多錢少」作為唯一標準，就可能忽視更重要的東西。

某人受聘就任新職，職位雖然很高，但是他不甚瞭解那個行業。對方開的月薪是八萬，他卻主動減為五萬。有人說他笨，他回答：「我如果拿八萬的月薪，就要有令人刮目相看的成績，如果自己沒有做好，主管不說，我自己也要離開。我自動減薪，正是向主管反映我的謙虛與客氣，如果沒有做好，情況還沒有那麼嚴重，如果做得好，月薪就會加到八萬。所以長期來看，我自動減薪是划得來的。」

另一個人得到工作獎金，一位同事要買禮物，這種事情不便拒絕，於是他要對方挑選，結果對方挑的是非常貴的禮物，讓他差點無法付帳。這件事情，讓他對那位同事有心結，他暗自發誓：再也不和他相處！

從這兩個故事來看，關鍵就在於「不拿白不拿，不吃白不吃」的「貪」！殊不知，你要的利益背後還有人在，你的「貪」不止是損害他的利益，也會使他對你的「貪」產生反感。如果你給別人這種印象，雖然不至於影響自己的事業，但是對自己的形象卻是不利的。在社會上行走，口碑是很重要的。

其實，所謂的「傻瓜」，只是一種「放長線釣大魚」的策略，比起那些目光短淺者，不知道要高明多少倍。可嘆的是，現代社會充斥下列的現象：人際關係一次用完，做生意一次賺足！以為自己這樣做是聰明，其實卻是殺雞取卵，是在斷自己的路！

看問題的時候，一定要把眼光放遠、眼界放寬，不要為了眼前的蠅頭小利而爭搶拼奪，最後只會「撿了芝麻，丟了西瓜」。

耍小聰明者，往往會吃大虧

喜歡耍小聰明和佔便宜者，往往會吃大虧。

列車員查票的時候發現，一個蘇格蘭成人用的是兒童票，但是蘇格蘭人堅決不肯補上剩下的票款，於是列車員拿起旅客的衣箱往車外扔。

此時，火車正在過橋。「你瘋啦！」蘇格蘭人狂喊。「你跟我的票過不去，又淹死我的弟弟！」

雖然是一個笑話，但是說明的道理不可笑。耍小聰明，佔便宜，往往是成功的陷阱，只會讓自己失去做人的人格。

一些商店規定，買某件商品按照原價，再買第二件按照優惠價。一些人先買一件再買第二件，各開一張發票。之後，把其中一件以原價退掉，達到買一件而享受優惠價的目的。

這些人會不會覺得自己比別人聰明？做人沒有基本的準則，只考慮眼前的利益，還自以為是地覺得別人比自己傻，這樣目光短淺的人不會成功。

喜歡耍小聰明的人總是想要佔便宜：佔別人的便宜，佔合作夥伴的便宜，佔規則的便宜……結果是，他們把自己的活動空間搞得越來越小，這正是「聰明反被聰明誤」。所謂的「聰明人」，往往為了眼前的蠅頭小利而失去長遠的利益，他們是不折不扣的笨人。

有錯誤就老實承認，並且想辦法解決，不要試圖以耍小聰明掩飾；做事要誠信待人，不要因為貪圖利益而失去原則。心機用得過多，就容易不得要領，或自壞其事，或自相矛盾。聰明是一件好事，小聰明卻不然。

西方有一種說法：法蘭西人的聰明藏在內，西班牙人的聰明露在外。前者是真聰明，後者是假聰明。英國哲學家培根認為，無論這兩國人是否真的如此，但是這兩種情況值得深思。**他指出：「生活中，有許多人徒然具有一副聰明的外貌，卻沒有聰明的實質——『小聰明，大糊塗』。冷眼看這種人怎**

樣機關算盡，做出許多件蠢事，簡直令人發笑……這種人在任何事情上都是言過其實，不可大用，因為沒有比這種假聰明更誤大事。」

如果你真正的聰明，就不要在別人面前隨便「賣弄」。那樣不僅會使自己的聰明變得廉價，有時候還會給自己帶來不必要的麻煩。

成功需要的是大智慧，不是自以為是的小聰明。小聰明在時間面前不堪一擊，只有大智慧才會成就亮麗的人生。

放下，成全別人也成全自己

成長是不斷自我修煉的過程，發現原來想過很多的事情都是小事，都可以不去擔心，都可以放下的時候，就可以獲得成長。放下是一種境界，成全別人，也成全自己。

懂得裝傻的人，絕對不是傻瓜

畫家畢卡索對冒充自己作品的假畫，從來就是睜一隻眼閉一隻眼，概不追究。有人對此不理解，畢卡索說：「我為什麼要小題大做？作假畫的人不是窮畫家就是老朋友。窮畫家混一口飯吃不容易，我也不能為難老朋友，還有那些鑑定真跡的專家也要生活，況且我也沒有吃什麼虧。」

義大利詩人阿雷蒂諾說：「人們如果太計較，就是不懂得如何生活。不計較既是盾，刀槍不入；不

計較又是箭，什麼盾也擋不住。」如果官場上的「不計較」可以讓自己進退自如，與別人交往中的「不計較」就可以讓自己左右逢源。所以，在不計較的時候，我們就要裝模作樣，甚至裝聾作啞。

石油大王洛克菲勒是現代商業史上的傳奇人物，他的公司壟斷美國八〇%的煉油工業和九〇%的油管生意。在為人處世方面，洛克菲勒很有一套，尤其善於裝糊塗。

有一次，洛克菲勒正在工作的時候，一位不速之客突然闖入他的辦公室，直奔他的辦公桌，並且用拳頭猛擊桌面，大發脾氣：「洛克菲勒，你這個卑鄙無恥的小人，我恨你！我有絕對的理由恨你！」辦公室所有的員工都以為洛克菲勒一定會拿起墨水瓶向他擲去，或是吩咐保全將他趕出去。然而，出乎意料的是，洛克菲勒沒有這樣做。他停下手中的工作，像傻子一樣注視他，對發生的事情似乎毫無知覺，就像被罵的是另一個人一樣。

那個無理之徒被弄得莫名其妙，怒氣逐漸平息下來。他是準備來此與洛克菲勒大鬧一場的，並且想好洛克菲勒會怎樣回擊他，自己再用想好的話去反駁。但是洛克菲勒不開口，他反而不知道如何是好。不得已，他又在洛克菲勒的桌子上猛敲幾下，可是仍然沒有得到回應，只好索然無趣地離去。再看洛克菲勒，就像根本沒有發生事情一樣，重新拿起筆，繼續自己的工作。

懂得裝傻的人絕對不是傻瓜，而是真正的聰明，就像洛克菲勒。現實生活中，有些人斤斤計較、咄咄逼人，看似聰明絕頂但最後往往是機關算盡，聰明反被聰明誤，才是真正的傻瓜。

不要因為小事而生氣

人與人相處，很難不發生衝突與摩擦。別人嘲諷你和攻擊你的時候，你可以反唇相譏和針鋒相對，但結果肯定是彼此都生氣。如果因為一些小事而冤冤相報，是很不值得的。學會不為小事生氣，用寬容的心去說服對方，才可以贏得對方與眾人的尊重。

生意人經常說的一句話是「和氣生財」，因為做生意只有脾氣好一些，說話態度和氣一些，顧客的心裡才會舒服，願意買你的東西。相反地，如果總是一副生氣的表情，不僅無法賺到錢，也很難做成大事。

人們的行為其實是可以相互影響的，如果你是一個面帶微笑而說話客氣的人，別人跟你說話的時候也會很客氣。如果你不會說客氣話，別人也不會對你有好態度。

別人的做法不合理甚至不講理的時候，如果採用強硬的態度以責問的方式去溝通，只會激起對方的反抗情緒，使事情越鬧越僵，如果出現不可收拾的局面，對雙方都沒有好處。

做人，就要有好脾氣，學會說客氣話。只要不涉及原則利益的問題，就要使氣氛盡量和諧一些，千萬不要因為一時氣憤引起衝突而影響大局。

不要為無意義的事情花費心思

小時候，你是否曾經被這些無聊想法隨時折磨著，心裡總是充滿憂慮：暴風雨來臨的時候，擔心被閃電擊中；害怕任何一個比自己大的男孩會威脅自己，或是無緣無故地揍自己一頓；害怕女孩在自己向她問好的時候取笑自己；害怕將來沒有女孩願意嫁給自己；為結婚之後應該對自己的妻子說的第一句話是什麼而操心……經常花費幾個小時思考這些驚天動地卻又不得不承認是杞人憂天的問題。

日子一年一年地過去，你逐漸發現，自己曾經擔心的事情中，百分之九十九的事情根本不會發生。例如：你以前很害怕閃電，可是現在你肯定知道，被閃電擊中的機率大約只有三十五萬分之一。

事實上，我們在嘲笑這些在童年和少年憂慮之事的時候是否想過，很多成年人的憂慮也幾乎同樣的荒謬。如果根據平均法則考慮人們的憂慮究竟是否值得，並且真正做到很長時間內不再憂慮，人們的憂慮中有百分之九十可以消除。

羅溫娜太太是一位平靜沉著的女人，她好像從來沒有憂慮過。有一天晚上，她和朋友坐在熊熊的爐火前，朋友問她是不是曾經因為憂慮而煩惱，她講述以下的故事給朋友聽：

以前，我覺得自己的生活差點被憂慮毀掉。在我學會征服憂慮之前，我在自作自受的苦難中生活十一年。那個時候，我的脾氣很壞，總是生活在非常緊張的情緒下。每個星期，我要從聖馬刁的家搭乘公車到舊金山買東西。可是即使在買東西的時候，我也是煩惱得要命——也許他又把電熨斗放在熨衣板上；也許房子燒起來；也許我的傭人跑了，丟下孩子們；也許孩子們騎著他們的腳踏車出去，被汽車撞了。我買東西的時候，經常會因為煩惱而弄得冷汗直冒，然後衝出商店，搭乘公車回家，看看是不是一切都很好。難怪我的第一次婚姻沒有好結果，我的第二任丈夫是一個律師——一個對任何事情可以加以分析的人，從來沒有為任何事情憂慮過。

每次我神情緊張或是焦慮的時候，他就會對我說：「不要緊張，讓我們好好地想想……你真正擔心的到底是什麼？讓我們看看事情發生的機率，這種事情是不是有可能會發生。如果參考所謂的機率法則，就會因為發現的事實而驚訝。」

「例如：如果你知道在五年之內就要進行一場蓋茲堡戰役那樣慘烈的戰役，你一定會嚇壞了。你會想盡辦法去增加自己的人壽保險；你會寫下遺囑，把所有的財物變賣一空。你會說：『我可能無法活著撐過這場戰役，所以我最好痛快地過剩下的這些年。』但是事實上，根據機率計算，五十歲到五十五歲之間，每一千個人之中死去的人數和蓋茲堡戰役十六萬三千個士兵每一千個人之中陣亡的人數相同。你回顧過去的幾十年，會發現大部分的憂慮都是因此而來。」

我們在對杞人憂天嗤之以鼻的時候，是否應該反思自己，是不是也經常在不自覺地成為「杞人」。為沒有意義的事情，做一個憂心的人，是多麼的不必要，或是不應該！

第4章

我也不希望想得太多，但總是無法控制

想法太多，是不相信自己的表現

想法太多，如果不是聰明，就是不相信自己。因為不相信自己，所以總是胡思亂想。例如：害怕自己有缺點，害怕別人笑自己家裡窮，害怕自己做不好……然後，想出各種可怕的後果。其實，只要少一些想法，再困難的事情也可以妥善地處理。完成一個又一個當下的事情，我們的生活就會變得越來越充實，我們也會變得越來越有自信。

對自己要有信心

對於自信的人，個人的缺點和瑕疵可以成為進取的起點和超越別人的理由。

摩西・孟德爾頌是德國著名音樂家孟德爾頌的祖父，在當時是一位非常有名的哲學家，但是他的長相卻讓人大失所望：身材矮小，而且駝背。

身體的缺陷影響他的婚姻，以至於他很長時間都是孤身一人。後來，他去一個朋友家小住，朋友的女兒弗洛梅貌美如花，如天使般純潔。孟德爾頌對其一見傾心，即使他自慚形穢，最終還是鼓起勇氣向女孩表白，但是女孩還沒有等他說完就害羞地跑開。

孟德爾頌知道女孩逃避的原因，可是他不想就這麼放棄，於是再次鼓起勇氣敲開女孩的房門：「你一定相信婚姻是上天註定的吧！」得到女孩的肯定答覆以後，孟德爾頌繼續說：「每個男孩出生的時候，上帝都會告訴他，哪個女孩將來會與他結婚。我出生的時候，上帝為我指出那個女孩，並且說：『你的妻子將是一個駝背。』我大聲喊叫：『上帝，駝背對一個女孩來說太殘酷了，讓我替她做駝背，讓她變成美麗的女孩吧！』」

最終，弗洛梅被孟德爾頌的智慧打動而嫁給他，並且輔佐其成就一番輝煌的事業。

很多人都會嫉妒孟德爾頌如此容貌卻可以娶到這麼漂亮的妻子，孟德爾頌並未對別人的嫉妒心生痛恨，反而因為別人對自己妻子容貌的認同而開心不已。在他看來，別人嫉妒自己娶到這麼漂亮的妻子，是在變相地誇讚自己魅力不凡，如果自己沒有足夠的優點和魅力，這麼漂亮的女人怎麼會嫁給自己？

所以，從今天開始，面對嫉妒我們的人，真誠地說一聲「謝謝」，然後保持自信的笑容，經營自己擁有的幸福！

不要害怕嫉妒，不要自卑

知道別人為什麼嫉妒你嗎？因為你幸福而快樂；你在工作上得到升遷；你獲得一筆不小的收益；你的身材、容貌、智慧、財富、能力出眾；你意氣風發，具有無可估量的潛力。無論是與生俱來的優勢，還是透過努力爭取而得到的快樂，都是你足夠自信的本錢，你何必愁眉不展，為了一個嫉妒自己的人長吁短嘆？

自信是成功的泉源，一個沒有自信的人，不管能力多麼優秀，才華多麼出眾，遇到任何好事的時候，都無法自我肯定，甚至以消極悲觀的心態對待自己面臨的好事。自卑感很容易讓我們失去正確的判斷力，做出不理智的選擇，並且導致惡劣的後果。

不要跟自己過不去，就沒有人跟你過不去

許多人悲嘆生命的有限和生活的艱辛，只有極少數人可以在有限的生命中活出自己的快樂。一個人快樂與否，主要取決於什麼？主要取決於一種心態，特別是如何善待自己的心態。

生活中，總是有苦惱。有時候，人生的苦惱不是在於自己獲得多少，擁有多少，而是因為自己想要

得到更多。有時候，想要得到的太多，但是自己的能力很難達到，所以我們感到失望與不滿。然後，我們就會折磨自己，說自己「很笨」、「不爭氣」……就這樣，經常和自己過不去，與自己較勁。

煩惱無處不在，欲望永無止境。

有車子，為房子而煩惱；有房子，為名譽而煩惱，為地位而煩惱；有老婆，為沒有情人而煩惱；有薪水，為沒有獎金而煩惱；錢少的人為賺錢而煩惱，錢多的人為錢更多而煩惱……

自尋煩惱，是多麼愚蠢而可笑啊！

靜下心來仔細想想，生活中的許多你煩惱的事情，尤其是你無法做到的事情，不是你的能力不強，而是你的願望不切實際。**我們要相信自己，相信自己的能力不是強求自己去做能力不及的事情**。事實上，世間任何事情都有一個限度，超過這個限度，很多事情都可能是極其荒謬的。我們應該經常肯定自己，盡力發展自己可以發展的東西。只要盡心盡力，只要積極地朝著更高的目標邁進，我們的心中就會保存一份悠然自得，不會再跟自己過不去，責備和怨恨自己，因為自己盡力了。即使在生命結束的時候，也可以問心無愧地說：「我已經盡了最大的努力」，真正的此生無憾！

所以，凡事不要跟自己過不去，每個人都有一些缺陷，世界上沒有完美的人。這樣想來，不是為自己開脫，而是使心靈不會被擠壓得支離破碎，永遠保持對生活的美好認識和執著追求。

不要跟自己過不去，是一種精神的解脫，會促使我們從容走自己選擇的道路，做自己喜歡的事情。

假如我們不痛快，要學會原諒自己，這樣心裡就會少一些陰影，既是對自己的愛護，也是對生命的珍惜。

不要太在意別人的意見

每個人都有自己做人的原則，都有自己為人處世之道，都有自己的生活方式。不必太在意別人的想法，更不能為了別人的想法而改變自己的原則。

一個老頭帶著兒子牽著驢去趕集，驢馱著一袋糧食。他們剛出門不遠，路邊就有人對老頭說：「你真傻，為什麼不騎驢？」於是，老頭就騎驢。可是走沒多遠，又聽到路邊有人對他說：「這個老頭真是狠心，自己騎驢，讓兒子走路。」老頭聽了以後，立刻從驢上下來，讓兒子騎驢。

可是又走沒多遠，又有人對他們說：「這個孩子真是不懂事，自己騎驢，讓父親走路。」

於是，兩人都騎到驢上。還沒有走到市集，又有人對他們說：「這兩個人心地真壞，讓驢馱著東西，自己還騎上去。」

老頭只好又從驢上下來，就連驢馱的糧食也自己背著了。

故事到這裡還沒有結束，不久之後又有人笑他們傻，放著驢不騎，自己卻背著糧食。總之，如果自己沒有主見，永遠也不得安寧。

從前，有一位畫家想要畫出一幅每個人看了以後都喜歡的畫。畫畢，他拿到市場上展出。畫旁放了一支筆，並且附上說明：每位觀賞者如果認為此畫有欠佳之處，都可以在畫中做記號。

晚上，畫家取回畫，發現整幅畫都塗滿記號——沒有一筆一畫不被指責。畫家十分不悦，對這次嘗試深感失望。

畫家決定換一種方法去試試，他又臨摹同樣的畫拿到市場上展出。可是這一次，他要求每位觀賞者將其最欣賞的地方標上記號。畫家再取回畫的時候，發現整幅畫又塗滿記號——所有曾經被指責的筆劃，如今都換上讚美的標記。

「哦！」畫家感慨地說，「我現在發現一個奧妙，那就是：自己不管做什麼，只要使一些人滿意就夠了。因為，在有些人看來是醜惡的東西，在另一些人眼裡卻是美好的。」

所謂眾口難調，總是聽信於人者，就會喪失自己，做任何事情都會患得患失而誠惶誠恐，一輩子也無法成就大事。他們總是活在別人的陰影裡：太在意主管的態度，太在意老闆的眼神，太在意別人對自己的看法。這樣的人生，還有什麼意義可言？

每個人都有自己的原則，都有自己的脾氣和性格。有些人活躍，有些人沉穩，有些人熱愛交際，有些人喜歡獨處。無論什麼樣的人生，只要自己感到幸福，又不妨礙別人，那就足矣！不要壓抑自己的天性，失去自己做人的原則。只要活出自信，活出自己的風格，就讓別人去說吧！就像但丁說的那樣：「走自己的路，讓別人去說吧！」

一個衙門的差役，奉命解送一個犯罪的和尚。臨行前，他害怕自己忘記帶東西，就編出一個順口溜：「包袱雨傘枷，文書和尚我。」在路上，他一邊走，一邊念叨這兩句話，總是害怕不小心在哪裡把東西丟了，回去無法交差。和尚看他有些發呆，就在停下來吃飯的時候，用酒把他灌醉，然後把他剃成光頭，又把自己脖子上的枷鎖套在他的身上，自己溜之大吉。

差役酒醒以後，總是覺得少了什麼，可是包袱、雨傘、文書都在，摸摸自己的脖子，枷鎖也在，又摸摸自己的頭，是一個光頭，表示和尚也沒有丟。然而，他還是覺得少了什麼，念著順口溜一對，他大驚失色：「我去哪裡了，怎麼沒有我？」

雖然這是一則笑話，可是笑過之後，卻讓人深思。**英國詩人威廉．亨利曾經說：「我是命運的主人，我主宰自己的心靈。」**我們應該做自己的主人，主宰自己的命運，不能把自己交付給別人。

在生活中，有些人卻無法主宰自己。有些人把自己交付給金錢，成為金錢的奴隸；有些人把自己交付給權力，成為權力的俘虜。想要做自己的主人，就不能成為金錢的奴隸，不能成為權力的俘虜，在各種誘惑面前保持自己的本色，否則就會失去自己。過於熱衷於追求外物的人，最終可能會如願以償，但是會像差役一樣，把最重要的東西丟了，那就是——自己。

從現在開始，做自己的主人，不要讓別人來控制自己。當年，達爾文決定棄醫從文的時候，遭到父親的嚴厲斥責，認為他是不務正業，每天只知道打獵捉老鼠。他在自傳上寫著：「所有的老師和長輩都說我資質平庸，我與聰明是沾不上邊的。」就是這個不務正業而與聰明沾不上邊的人，卻成為生物進化論的發現者。

我們應該做命運的主人，不能任由命運擺布自己。我們面對生活中不可避免的挫折和困難的時候，如果被打敗，讓這些生活的絆腳石主宰自己，只是專注於病痛的折磨上，使自己只有痛苦而沒有快樂，就會失去自己。真正命運的主人，可以戰勝所有挫折和困難，不會向命運屈服。達文西、莫札特、梵谷，都是我們的榜樣，他們沒有受到命運的公平對待，但是他們沒有屈服於命運，沒有向命運低頭。他們向命運發出挑戰，最終戰勝命運，成為自己的主人，成為命運的主宰。

挪威劇作家易卜生有一句名言：「人類的第一天職是什麼？答案很簡單：做自己。」是的，做人首先要做自己，首先要認清自己，把握自己的命運，實現自己的人生價值。只有這樣，才算是自己的主人。

我們有權利決定生活中應該做什麼，不能讓別人代替自己做決定，更不能讓別人影響自己的意志，讓自己成為傀儡。只有自己最瞭解自己，別人不見得比自己高明多少，也不會比自己更瞭解自身實力，只有自己的決定才是最好的。

壓力太大，一般是想太多造成的

如果一個人想太多，就會造成壓力，並且容易憂鬱或是發瘋。現在罹患心理和精神等方面疾病的人越來越多，從根本來說，就是因為想太多的人越來越多。他們過於執著，把很多東西看得太重，或名或利或結果。其實，無論做什麼事情都會有煩惱和壓力，不如讓自己少想一些事情，讓心情隨遇而安，自然、平和、放鬆。

寫出壓力，化解壓力

壓力如影隨形地滲入，甚至影響我們的日常生活，由此帶來許多負面情緒——消極、生氣、沮喪、挫折、恐懼。在重壓之下，如果想要使精神狀態保持平穩，不是一件容易的事情。

我們每天都在為事業奮鬥，都是「起得比雞早，做得比驢累，看起來比誰都好，一肚子苦惱不知道跟誰說」的狀態。長期與緊張的工作打交道，處於應接不暇的生活中，身體無法得到適時的休息和復原，很容易產生消極的憂慮情緒。對此，我們應該進行有效的壓力管理。

美國心理協會的史考菲博士提倡透過「寫出壓力」的方式減壓：把自己目前生理和心理上面臨的各種壓力寫在許多紙條上，然後把紙條揉成一團，像投籃一樣扔進垃圾桶，頭腦中想像自己已經輕鬆甩掉這些煩惱，最後將沒有投中的紙團用安全的方式點燃燒掉，打開窗戶深呼吸一口氣或是大喊一聲，就會覺得無比輕鬆，感覺壓力沒有想像中那麼可怕和令人窒息。

這種方法是自己直接面對壓力並且與之較量的一種體驗，寫出壓力的過程其實就是在減壓。消化壓力和煩惱以後，會得到新的壓力免疫體，即使再大的壓力襲來，都可以處變不驚地化解。

萬事順其自然，找到快樂支點

古人云：「百憂感其心，萬事勞其行。」百憂，就是想法太多。高度激烈的競爭壓力，錯綜複雜的人際壓力，難免令人思慮過度而憂心勞神，不僅睡眠品質不好，還會引起內分泌失調，影響身體系統的正常運轉。

很多時候，壓力都是自找的，謀事在人，成事在天，坦然接受不完美的結果，就是發現快樂的開始。在情緒焦躁和壓力過大的時候，需要釋放自己的情緒，例如：回憶以前的各種快樂，適時消遣娛樂一番，在家中聆聽舒緩的音樂，與朋友品茗聊天。快樂是一種積極的情緒，來自對周圍事物樂觀的看法和認識。只有順其自然，學會自我調節，自己的工作才可以張弛有道，順利發展。

周遭的壓力使自己焦慮不堪而接近崩潰的時候，就要及時求助心理醫生。如果壓力超過自己可以承受的極限，就會徹底擊垮自己。在國外，看心理醫生就像看牙醫一樣普通。心理醫生會透過專業方法為我們減壓，對我們進行心理上的安撫和慰藉，減少我們面臨的壓力。

除了心理醫生以外，家人和朋友都是幫助我們舒緩壓力的堅強後盾。把自己的煩惱向他們訴說，就可以排遣內心的鬱悶和煩躁。

成就事業，不能急於一時。人生是一場馬拉松，我們的目標是順利跑完全程，而不是前半段衝刺、後半段放棄。壓力再大，也要順其自然，找到快樂支點，保持愉快的心情，擁有健康的身體，才可以在未來獲得無窮收益。

面對壓力，改變自己的心境，才可以改變自己的人牛

一座山上，有兩塊一模一樣的石頭。幾年後，兩塊石頭的境遇卻截然不同：一塊石頭受到眾人的敬仰和膜拜，另一塊石頭默默無聞，無人理睬。

無人理睬的石頭抱怨：「為什麼同樣是石頭，差距竟然這麼大？」

受人敬仰的石頭笑著說：「幾年前，山裡來了一個雕刻家，決定在我們身上雕刻。你害怕刀子割在身上的疼痛，拒絕了；我卻一刀一刀地忍受，現在成為佛像。」

抱怨的石頭聽完這句話，頓時啞口無言。

我們生活在社會中，註定會面臨許多壓力：出身不如別人，生存非常艱難；感情上受到挫折，愛情至今難尋……似乎到處都有絆腳石，讓我們頭疼不已。

這個時候，就要具備一種「蘑菇」心態，暗自成長，學會忍受一些不公平的待遇，例如：「被安排到不受重視的部門」「總是做一些瑣碎的小事」「遭到主管的冷嘲熱諷」「偶爾代人受過」。換一個角度來看，我們會發現這是一件好事，可以消除自己不切實際的幻想，使自己瞭解到腳踏實地和認真努力才可以贏得別人的尊重。

每天，我們都要心平氣和地面對生活中的各種苦難。壓力可以折磨我們，也可以鍛鍊我們。從現在

開始，改變自己的心境，不抱怨地生活。

克制發怒的方法是：不要想太多

有一個頭腦簡單又喜歡生氣的人，經常聽到別人家的狗叫就會跺腳罵上半天。他知道自己脾氣不好，但就是改不了，為此煩惱不已。

有一天，他去城郊的寺廟，虔誠請教一位高僧：「如何才可以克制自己的怒氣？」

高僧笑呵呵地回答：「很簡單啊，我教給你十個字，『小怒數到十，大怒數到千』，這樣就可以了。」

高僧簡單的回答讓他將信將疑，就這樣心有不甘地回家。

他趕回家裡，發現自己的妻子跟另一個人睡在一起。妒火中燒的他，轉身拿起一把菜刀，準備殺了這對「姦夫淫婦」。

這個時候，他猛然想起高僧教給自己的十個字，於是強忍怒火，開始在心裡默數。數到八的時候，那個「姦夫」突然醒過來，看到他拿著一把菜刀站在自己面前，嚇了一跳，說：「兒子啊，你拿著菜刀做什麼？」

原來是這個人的母親看兒子遲遲不歸，特地過來陪媳婦聊天。兩人覺得睏了，就睡在一起。他驚出一身冷汗，心想：「原來是自己想多了，幸虧高僧告訴我制怒的智慧，不然我已經殺了母親和妻子！」

想要做到不生氣，不需要長時間的心靈修煉，只要自己不要多想，先想辦法靜下來，像這樣「小怒數到十，大怒數到千」就可以。

與別人相處的時候，如果對方情緒過於激動，就要先克制自己不生氣。現實生活中，讓自己生氣的事情經常發生。這個時候，要做一個頭腦冷靜的人，忍住一時的怒氣，理智處理各種不愉快，用平和對待無理。**畢達哥拉斯曾經說：「憤怒始於愚蠢，終於懊悔。」**如果我們不忍耐，任意放縱自己的怒氣，首先傷害的就是自己的身心。如果對方是有意刺激我們，我們無法忍耐，就會容易中計，被人牽著鼻子走。

因此，如果自己情緒激動的時候，不妨先讓自己靜下來，有意拖延發怒的時間，即使做幾次深呼吸，也是舒緩情緒的好方法。

壓力可以轉化為動力

非洲某國的一個動物園裡養著各種各樣的動物，狼和麋鹿棲息在某個角落。動物園管理員發現，由於狼群不停的追殺，麋鹿面臨死亡之禍。於是，管理員決定消滅一些惡狼。狼群的囂張氣焰被無情的子彈鎮壓下去，然而奇怪的是，麋鹿不僅沒有因此活躍起來，反而日漸衰弱。

經過觀察，管理員終於發現，有凶惡狼群追殺的時候，麋鹿就會提高警覺，不停地奔跑，使自己身強力壯。現在，狼群無法構成威脅，麋鹿變得懶洋洋的，體質明顯下降。明白這個道理以後，管理員又設法讓狼群壯大起來。於是，麋鹿又開始面臨厄運的「健身運動」，鹿群又活躍起來。

壓力是一把雙刃劍，如果妥善利用，壓力可以轉化為動力，使自己披荊斬棘，勇往直前。致力於研究壓力對人類身心影響的加拿大醫學教授賽勒博士曾經說：「壓力是人生的燃料。」面對壓力，無以計數的人知難而上，成就璀璨的人生。我們無法迴避壓力，就要掌握一套行之有效的化解壓力的方法。學會應對壓力的技巧，與壓力共舞，這是人生的一門必修課。

負重而行是一種痛苦，但是沒有負重就無法體驗到如釋重負的快感。沒有負重的生命是不完整的生命，沒有負重的人生是不圓滿的人生。

不要讓胡思亂想控制自己的人生

如果總是把所有事情想得很糟糕，本來順利的事情就會出現一些插曲。胡思亂想，有時候不會表現出來，我們也不會跟別人說，但是心裡隨時都在想，做其他事情就沒有那麼專注，就會直接影響自己做事的成敗。即使胡思亂想對自己做事的結果沒有影響，也會擾亂自己的心情，讓自己變得不快樂。

讓自己的心情放輕鬆，靜而後能安

有一次，邱吉爾到北非蒙哥馬利將軍行轅閒談的時候，蒙哥馬利將軍說：「我不喝酒，不抽菸，晚上十點準時睡覺，所以我現在還是百分之百的健康。」

邱吉爾卻說：「我正好跟你相反，既抽菸，又喝酒，而且從來不準時睡覺，但我現在卻是百分之二百的健康。」

很多人都認為這是怪事——以邱吉爾這樣身負第二次世界大戰重任的政治家，生活這樣沒有規律，何以壽登大耄，而且百分之二百的健康？

其實，只要稍加留意就可以知道，邱吉爾健康的關鍵是在於有恆的鍛鍊和輕鬆的心情。因此，我們不妨學習邱吉爾那樣給自己的心情放假吧！也許我們不可能完全做到邱吉爾的完美，但是我們只要學到一半，就可以得到百分之百的健康。

使心情輕鬆的第一要訣：「知止」。知止而後有定，定而後能靜，靜而後能安，心情還有什麼不輕鬆的？

使心情輕鬆的第二要訣：「謀定而後動」。做任何事情，要先有周密的安排，安排既定，然後按部就班地去做，就可以應付自如，不會既忙且亂。在這個瞬息萬變的社會中，難免會出現偶發的事件，此時更要沉住氣，詳細而鎮定地安排。謀定而後動，就像中國史書中的謝安那樣，在淝水之戰最緊張的時刻，還可以閒情逸致地下棋。

使心情輕鬆的第三要訣：不做無法勝任的事情。假如我們身兼數職，卻顧此失彼，有何快樂可言？或是用非所長，心有餘而力不足，心情怎麼會輕鬆？

使心情輕鬆的第四要訣：「拿得起，放得下」。對於任何事情，不可以整天念念不忘，寢於斯，食於斯。否則，不僅於身有害，而且於事無補。

使心情輕鬆的第五要訣：在輕鬆的心情下工作。工作可以緊張，但是心情必須輕鬆。在自己肩負重擔的時候，可以唱幾句輕鬆的歌曲。想要把工作做好，就要在輕鬆的心情下工作。

使心情輕鬆的第六要訣：多留出一些時間。許多使自己心情緊張的事情，都是因為時間短促，害怕耽誤事情。如果每件事情多留出一些時間，就會不慌不忙，從容不迫。最好的方法就是把自己的手錶撥快一個適當的時間，隨時用錶面上的時間警惕自己，如此一來，既不會誤事，又可以輕鬆。

人生就像一條河流，有其源頭，有其流程，有其終點。不管生命的河流多長，最後都要到達終點的海洋。人生也有盡頭，不妨活著的時候，多學習邱吉爾那樣放鬆心情，快樂地活著，豈不是更好？

在徬徨中修養心靈，收穫的更多

有一個叫做阿巴格的人，生活在內蒙古草原上。有一次，年少的阿巴格和父親在草原上迷路。阿巴格又累又怕，快要走不動了。

父親從口袋裡掏出五枚硬幣，把一枚硬幣埋在草地裡，把其餘四枚放在阿巴格的手上，然後說：「人生有五枚金幣，童年、少年、青年、中年、老年各有一枚，你現在用去一枚，就是埋在草地裡的那枚。你不能把五枚金幣都扔在草原裡，要一點一點地用，每次都用出不同，才不枉人生一世。今天我們一定要走出草原，你將來也要走出草原。世界很大，活著就要多走一些地方，不要還沒有用自己的金幣就把它扔掉。」

在父親的鼓勵下，阿巴格走出草原。長大以後，阿巴格離開家鄉，成為一位優秀的船長。

這個故事告訴我們：只要我們珍惜生命，就可以走出挫折的沼澤地。

我們的生命只有一次，是父母的給予和上天的恩賜，生命本身就是一種幸福。在歷史的長河中，我們的生命是短暫的，總有一天會走到終點，千金散盡，一切都如過眼雲煙，只有精神長存世間。

美國克萊斯勒汽車公司的首席人物李・艾柯卡，當初在福特汽車公司的時候，曾經因為工作不被信任而遭到辭退，但是他沒有氣餒，最終事業有成。

如果你珍愛生命，請修養自己的心靈。在紛擾不堪的世界上，心靈不能如流水不安，當似高山不動。居住在鬧市，在嘈雜的環境中，不必關閉門窗，任它潮起潮落，風來浪湧，我自悠然。面對世俗，如砥柱不隨波逐流；面對權貴，如雪峰堅守自身高潔。這是勇敢，也是骨氣。身在紅塵中，心已經出世，如佛之容天下難容之事，笑天下可笑之人。這是灑脫，也是一種境界。

心靈是智慧之根，要用知識去澆灌。讀萬卷書，行萬里路。哲學使我們聰明，歷史使我們明智。讓知識成為心靈的一部分，成為內在的涵養，成為包藏宇宙和吞吐萬物的氣魄。

人生要有所追求，追求事業，追求愛情，追求美好的生活。只有追求，生活才會更精彩，世界才會更美好。個人的力量永遠是渺小的，客觀條件永遠是第一位，主觀願望永遠是第二位。不刻意，順自然，常知足，平平淡淡也是福。

忘「我」一片清朗

卡內基曾經說，一個人只要對別人感興趣，在兩個月之內他交到的朋友，會比一個要別人對他感興趣的人，在兩年之內交到的朋友更多。

生活中，你有沒有總是以「我」為中心？和別人爭吵的時候，是不是認為自己是對的，是不是不願意接受別人的批評？自己遭遇挫折和失敗的時候，是不是抱怨自己運氣差，上天對「我」不公平？

關心自己，看重自己，都沒有錯，但是任何事情都是過猶不及。太看重自己，就會剛愎自用，失去許多有價值的東西，例如：友誼、人格。好事不爭不搶，先人後我，這是一種忘「我」；在困難面前，不推不讓，也是一種忘「我」。忘「我」，才可以得到別人尊重和社會認同，才可以讓心靈的天空一片清朗。

卓別林是世界聞名的喜劇大師。有一次，他談到成功的經驗，告訴人們，自己的表演才華不比別人高多少。相反地，比自己更有才華的演員多得是，但是他有兩樣東西是別人難以比擬的。第一，他可以在舞台上把自己的個性顯現出來。他是一個表演者，瞭解人類的天性，他的每個手勢和語氣都是精心考慮過的。第二，他對別人真誠地感興趣，把別人放在第一位。他說，許多表演者面對觀眾，總是對自己說：「嗯，坐在下面的那些人是一群傻瓜，一群笨蛋，我可以把他們逗得團團轉。」但是他對自己說：「我很感激，因為這些人來看我的表演。他們使我可以過著一種非常舒適的生活，我要把自己最高明的手法表演給他們看。」

卓別林說，自己每次上台以後，就會忘記自己，全心投入，然後對自己說：「我愛觀眾，我愛觀眾。」正是因為他可以為觀眾著想，才可以贏得觀眾的掌聲。任何表演，最精彩的時候，就是演員忘「我」的時候，人生的戲劇也是一樣。

忘「我」之人，甘願做幕後英雄，甘願做無名英雄。十九世紀中葉，美國實業家菲爾德率領工作人員用海底電纜把歐美兩個大陸連接起來。為此，他成為美國當時最受尊敬的人，被譽為「兩個世界的統一者」。但是他在舉行接通慶典的時候，卻堅持不上貴賓台，只是站在人群中觀看。

忘「我」之人，工作上不推不讓，可以贏得主管認同；利益上不爭不搶，可以贏得一片寧靜；挫折中不卑不亢，可以贏得最終成功。不以「我」為中心，可以贏得美好人生。

忘「我」，不是失去「我」，不是沒有自我，不是沒有原則的後退。忘「我」，是一種修養，是一種美德，是一種高風亮節。

看淡生活中的不平之事

生活中，經常有不公平的事情出現。努力和付出以後卻沒有得到回報的事情，不是只會發生在我們身上。面對這些不公平，平庸之輩只會埋怨，不以實際行動去改善，結果與別人的差距越來越大；智者會坦然地接受它們，積極地用後天的努力去改變這種不公平，贏得自己的人生，也贏得更多的敬佩。

史蒂芬・霍金是著名的物理學家，對於他而言，命運很不公平。他是一位中樞神經殘障者，由於肌肉嚴重萎縮，失去行動能力，無法寫字和說話，終生要依靠輪椅生活。但是他沒有因為身體的殘障而怨天尤人，也沒有因為身體的殘障而停止人生的探索。相反地，他曾經先後畢業於牛津大學和劍橋大學三一學院，並且獲得劍橋大學博士學位。

由於行動不便，他只能用一個書架和一塊黑板完成自己的研究。在他的研究過程中，他克服許多人們無法想像的困難，最終在天文學的最高領域——黑洞爆炸理論的研究中，透過對黑洞臨界線特異性的分析，獲得震驚天文界的重大成就，榮獲一九七九年的愛因斯坦獎章。

然而在一九八五年，這位失去行動能力的科學家病情惡化，甚至失去語言能力。這個時候，他依然沒有把時間放在埋怨命運上，而是利用一台電腦聲音合成器，間接表達自己的思想，在自己有限的生命中創造奇蹟。他用僅能活動的幾個手指，操縱一個特製的滑鼠，在電腦螢幕上選擇字母和單字來造句，然後透過電腦播放聲音。

有時候，為了合成一個小時的錄音演講，他必須準備十天。行動如此不便，卻絲毫沒有減低他研究的速度，他在整合二十世紀物理學的兩大基礎理論——愛因斯坦的相對論和普朗克的量子論方面，走出重要一步。如今，他已經被稱為最偉大的科學家。

有時候，生命和生活不如我們想像中美好，它們對於每個人的待遇都會偏心。但是上帝在為自己關上一扇門的同時，也會為自己打開一扇窗。只有看淡這些不公平，才可以認真去做正確的事情。我們的胸懷只有那麼大，如果裝滿埋怨和憤怒，怎麼可能專心探索自己的夢想？

生活的真諦是淡然。面對生活的不公平，不可以強求，只要做好自己的事情。生活就是如此，它給我們什麼是無法改變的，不如坦然地接受，利用它賦予我們的東西，實現自己的人生價值。看淡生活的不公平，就是懂得如何生活。

懂得生活的人，不僅是成功的人，也是智慧的人。沒有什麼可以完全按照自己的意願去發展變化，努力和付出以後卻沒有得到回報不表示白白付出，自己的努力和付出會以其他形式在其他方面補償自己。有時候，付出和回報展現的不平衡，只是暫時現象，需要從長遠的角度來看。然而，有些人不瞭解這一點，沒有把精力放在奮鬥上，反而苦苦追尋平衡，換來的只是勞累而已。真正的愚蠢，就是不懂得生活，只會怨天尤人。

面對生活的不公平，不要過分強求。生活本來就是如此，只要學會生活和懂得生活，就可以看淡生活中的不平之事。

第5章

少想一些沒用的，多想一些有用的

把時間用在有意義的事情上，可以抵消無謂的想法

很多人有憂鬱的表現，甚至很多名人也有同樣的症狀。究其原因，是因為長期在萬眾矚目下，如果沒有事情可以做，就會變得無所事事，或是變得空虛煩躁。因此，我們要放下那些沒有意義的事情，專心做有意義的事情。這樣一來，那些沒有意義的事情就會與我們無關，我們就可以成為一個有意義的人。

無論境遇如何，都要欣然接受

「為什麼倒楣的總是我……」

經常會有人這麼問。是啊，為什麼倒楣總是落在自己身上？短時間來看，倒楣絕對是不公平，或是

運氣不好。但是如果仔細想想，就會發現，這一切都是有原因的，至少在佛家的因果說中，是可以自圓其說的。

但是我們也知道，遭遇人生變故的時候，無論是誰，多多少少都會有些抱怨。例如：某人因為調職而不高興，可是仔細想想，調職可以讓自己對公司的工作有更全面的瞭解，對自己以後的工作帶來更多的幫助，或許還可以發現自己的其他長處。某人因為別人不理自己而不高興，可是仔細想想，如果是自己在忙，也會不理別人……

這些看似無奈的辯解，也是人生的一種境遇。人生的境遇本來就是經常發生變化，無論如何，都要保持樂觀的心境。

有一句「諸行無常」的佛語，意思是說：世界上的所有事物，隨時處於變化之中。也就是說，對於人生中所有的無常和變化，我們欣然接受就可以。即使是不利自己的事情，也應該避免讓自己的情緒變壞。

日本經營之神松下幸之助曾經說：「順境也好，逆境也好，最重要的是——在上天賜予的境遇中，坦然地活下去。」

只要坦然地活著，就沒有境遇好壞之分。改變我們的境遇，永遠是自己的生活態度，所以為了有更好的境遇，我們為什麼不欣然接受？

猶豫不決和優柔寡斷，是一個陰險的敵人

猶豫的習慣往往會妨礙我們做事，因為猶豫會消滅我們的創造力。寫信就是一例，收到信件立刻回覆是最容易的，但是如果一再拖延，那封信就不容易回覆。因此，許多公司都規定，所有信件必須於當天回覆，不能讓這些信件擱到第二天。

命運經常是奇特的，好機會往往稍縱即逝，有如曇花一現。靈感往往轉瞬即逝，所以應該及時抓住，立刻行動。如果當時沒有善加利用，錯過之後就會後悔莫及。一個生動而強烈的意念突然閃耀在一個作家腦海裡的時候，他就會產生一種不可遏制的衝動，要把那個意念寫在紙上。但是如果他那個時候因為有些不便而無暇執筆，那個意念就會變得模糊，最後完全從他的腦海裡消逝。一個神奇美妙的幻想突然躍入一個藝術家的腦海裡，迅速得如同閃電一般，如果那個時候他把幻想畫在紙上，必定有意外的收穫。但是如果他因為拖延而不願意在當時動筆，過了許多日子以後，留在腦海裡的幻想就會完全消失。

沒有什麼習慣比猶豫更有害。有些人生病以後卻不去就診，不僅會讓自己承受痛苦，而且病情可能惡化，甚至成為不治之症。沒有什麼習慣比猶豫更會使我們懈怠，減弱我們做事的能力。已經決定的事情猶豫不做，會對我們的品格產生不良的影響。只有按照計畫去執行的人，才可以增進自己的品格，才

可以受到別人的景仰。其實，每個人都可以下定決心去做事，但是只有少數人可以堅持自己的決心，只有少數人是最後的成功者。

更糟糕的是，猶豫有時候會造成悲慘的結局。

翠登的司令拉爾收到消息，華盛頓已經率領軍隊渡過德拉瓦河。但是信使把信送給他的時候，他正在和朋友們玩牌。於是，他把那封信放在自己的衣袋裡，等到牌玩完以後才讀。讀完以後，他知道大事不妙，再去召集軍隊的時候，已經太遲了。最後全軍被俘，他自己也命喪敵軍之手。就是因為幾分鐘的遲延，拉爾竟然失去自己的榮譽和生命！

我們應該盡量避免養成猶豫的惡習，受到拖延引誘的時候，要振作精神去做，不要做最容易的事情，要做最困難的事情，並且堅持下去。這樣一來，就可以克服猶豫的惡習。拖延是我們最可怕的敵人，它是時間的竊賊，還會損壞我們的品格，敗壞好機會，劫奪我們的自由，使我們成為它的奴隸。「立刻行動」，這是一個成功者的格言。想要醫治猶豫的惡習，唯一的方法就是：立刻去做自己的工作。只有「立刻行動」，才可以將我們從拖延的惡習中拯救出來。要知道，多拖延一分，工作就會多困難一分。

「明日復明日，明日何其多。我生待明日，萬事成蹉跎。」放著今天的事情不做，非要等到明天再做，其實在這個拖延中所耗去的時間和精力，就可以把今天的事情做好。所以，把今天的事情拖延到明天再做，實際上很不划算。昨日有昨日的事情，今日有今日的事情，明日有明日的事情。今日的理想，今日的決斷，今日就要去做，不要拖延到明日，因為明日還有新的理想與決斷。所以，想到了就立刻行動，不要再猶豫！

世界上最可憐的人，就是那些舉棋不定、猶豫不決的人。有些人優柔寡斷到無可救藥的地步，不敢決定任何事情，不敢承擔所有責任。之所以這樣，是因為他們不知道事情的結果會怎麼樣——究竟是好是壞，是凶是吉。他們經常擔心今天對某件事情進行決斷，明天也許會有更好的事情發生，以致對今天的決斷產生懷疑。許多優柔寡斷的人，不敢相信自己可以解決重要的事情。因為猶豫不決，很多人使自己美好的想法陷於破滅。如果發生事情，就要和別人商量，不敢取決於自己，而是取決於別人。這種主意不定而意志不堅的人，不會相信自己，也不會被別人信任。所以，要逼迫自己訓練一種遇事果斷堅定而迅速決策的能力，對於任何事情都不要猶豫不決。

雖然決策果斷而雷厲風行的人也會發生失誤，但是他們還是比做事猶豫不決的人更強。對於比較複雜的事情，在決斷之前，必須從各個方面加以權衡和考慮，充分調動自己的知識，進行最後的判斷。但是如果決定以後，就不要再更改，不要留給自己準備後退的餘地。做出決定以後，就要斷絕自己的後路，只有這樣做，才可以養成堅決果斷的習慣，既可以增強自己的信心，也可以博得別人的信任。擁有這種習慣以後，在最初的時候，也許會做出錯誤的決策，但是由此獲得的自信等各種品格，可以彌補錯誤決策可能帶來的損失。

優柔寡斷，對於一個人品格上的訓練，實在是一個致命的打擊。這種品格上的弱點，會破壞我們的自信心和判斷力，有害於我們全部的精神能力。如果沒有果斷決策的能力，我們就會像深海中的孤舟，永遠漂流在狂風暴雨的汪洋大海裡，無法到達成功的彼岸。

所以，對於我們的成功來說，猶豫不決和優柔寡斷是一個陰險的敵人，在它還沒有破壞我們的力量之前，就要把這個敵人置於死地。不要再等待，不要再猶豫，不要等到明天，今天就應該開始。

不斷學習，提高能力

摩托羅拉大學大力宣導嚴密、高效率、主動進取的文化，校長威廉・威根豪恩說：「我們是統一行動的隊伍。」

為了鼓勵員工重返學校的培訓計畫，摩托羅拉公司採取一些必要的措施，例如：掌握一門新技術，可以使員工有資格升遷。

為了使培訓課程具有趣味性，課堂上的許多問題來自摩托羅拉公司的實踐；教師採用生動的教學方式，落後的學生可以得到教師的單獨輔導。如果有些員工仍然無法達到公司的要求，他們就有可能被降級。

實際上，課堂教學不僅是摩托羅拉公司培訓的一部分，更重要的是：「現場操作」或是實習。

由此可見，企業培訓工作可以使員工在各個方面受益匪淺。因此，企業員工要抓住企業培訓這個機會，學習各種知識，不斷充實自己。雖然其他公司的培訓也許不如摩托羅拉公司正規和嚴格，但是目前很多企業已經看到企業培訓的好處，在今後發展的趨勢中，一定會越來越重視此項工作。

有一位企業家曾經深有感觸地說：「目前和未來社會中，科學技術的發展和社會關係的複雜，不僅使知識在企業中日趨重要，而且使培訓成為一種日常活動。」所以，企業員工想要成為老闆欣賞的人，就要重視企業的培訓工作，並且給予積極的配合。因為企業培訓的目的就是要使員工成為知識豐富而熟悉業務的人，成為企業的中流砥柱，藉此增進員工之間的團結精神以及相互之間的依靠關係，形成自己的企業文化，並且對員工進行實際的為人處世教育。

在這個知識經濟的時代，學習已經不再被認為是上學時期的事情，學習的內涵已經發生巨大的改變。學習已經沒有時間的分隔、人員的界定、場所的限制，已經成為終身的事情，我們必須隨時隨地學習，因此學習能力的提高比學習知識更重要。

曾子曾經說：「吾日三省吾身。」我們在各種活動中必須經常自我反省，審視自己。社會心理學家研究顯示：人們在對事物進行歸因的時候，經常把積極結果歸因於自己，把消極結果歸因於情境。如果這樣，很難做到主動、積極、公正地審視自己。

因此，我們想要提高自己的學習能力，就要主動而客觀地反省自己的情緒和思維，準確評估外部環境，勇於打破舊格局，創建新的發展要素。

正如狄更斯所言：「無論我們多麼盲目和懷有多麼深的偏見，只要我們有勇氣選擇，就有徹底改變自己的力量。」學習能力的提高也是一樣。

克制自己，把精力投入到工作中

每個人都會渴望成功，但是大多數人都是希望自己成功，而不是一定要成功。有這樣的想法，成功的動機不是特別強烈，如果遇到什麼事情需要付出代價的時候，就會退而求其次，或是直接放棄。成功者之所以成功，是因為他們發誓一定要成功。想要真正追求成功，就要調整心態，以堅實的精神力量做支撐。

有一個故事，說明堅強的意志對於把握人生機會的重要性：

一個商人需要一個夥計，他在商店的窗戶上貼一張獨特的廣告：「應徵：一個可以克制自己的男士。每個星期四美元，合適者可以拿六美元。」「克制自己」這個術語在附近引起議論，有些不平常。它引起孩子們的思考，也引起父母們的思考，吸引眾多求職者前來。

每個求職者都要經過一個特別的考試。

「可以閱讀嗎？小夥子。」

「可以，先生。」

「你可以讀完這段文字嗎？」他把一張報紙放在小夥子的面前。

「可以，先生。」

「你可以不停頓地讀完嗎？」

「可以，先生。」

「很好，跟我來。」他把小夥子帶到自己的辦公室，然後把門關上。他把這張報紙放在小夥子手上，上面印著他答應不停頓地讀完的那段文字。閱讀一開始，商人就放出六隻可愛的小狗，小狗立刻跑到男孩的腳邊。小夥子經受不住誘惑，想要看看可愛的小狗。由於視線離開報紙，小夥子忘記自己的角色，讀錯了，因此失去這個工作機會。

就這樣，商人打發七十個小夥子。終於，有一個小夥子不受誘惑，一口氣讀完了。

商人很高興，他們之間有這樣一段對話：

商人問：「你在閱讀的時候，沒有注意到腳邊的小狗嗎？」

小夥子回答：「對，先生。」

「我想，你應該知道牠們的存在，對嗎？」

「對，先生。」

「為什麼你不看看牠們？」

「因為你告訴我，要不停頓地讀完這段文字。」

「你總是遵守自己的諾言嗎？」

「確實，我總是努力地去做，先生。」

商人在辦公室裡面走著，突然高興地說：「你就是我要聘請的人。明天早上七點過來，你每個星期的薪水是六美元，我相信你有發展前途。」小夥子的最終發展，確實如商人所說。

克制自己是成功的基本要素之一。大多數人會因為某種喜好，無法把自己的精力完全投入到工作中，完成自己偉大的使命。這可以解釋成功者和失敗者之間的區別。

可以駕馭自己的人，比征服一座城池的人更偉大。意志造就強者，造就機會，造就成功。

無論何時都不要放棄，此路不通換彼路

因為失去工作而陷入絕境的時候，不要放棄，請記住：此路不通彼路通，總有一顆星星會為自己點亮。

成功人士不是每個方面很優秀，而是將自己最好的方面表現出來。所謂人才，只是做了自己可以做好的事情，將自己才能上的優勢方面表現出來。所謂庸才，只是做了自己不應該做的事情，將自己才能上的平庸方面表現出來。所以，不存在絕對無用的人。

邱吉爾出生在一個貴族家庭，少年時期的成績很差，是一個使人感到棘手的少年。他的父親想要讓他進入牛津大學或劍橋大學，可是他的成績無法進入大學，只能去報考英國的第三流學校——英國陸軍軍官學校，竟然也名落孫山。他過了兩年的補習生活，聘請家庭教師，還是考不上大學。到了第三年，他好不容易才考上，而且是最後一名。

很多人認為，像邱吉爾這樣的不良少年，學習成績不好，是不可能成功的。邱吉爾年輕時期雖然如此差勁，可是後來，他竟然成為二十世紀最著名的政治家。

邱吉爾的成績雖然不好，可是他在文學方面卻創造偉大的成績，並且獲得諾貝爾文學獎，而且對繪畫也有天分。雖然他曾經是一個落魄的少年，但是卻多才多藝，並且可以善用自己的才能，成為一位政

治家。

「富勒製刷公司」創辦人阿爾弗雷德・富勒出身於貧苦的農民家庭，住在加拿大東南的新斯科舍半島，似乎無法保住自己的工作。事實上，在之前的兩年中，他雖然努力維持生計，卻失去三份工作。

但是接下來，在富勒的生活中發生巨大的改變，因為他試圖銷售刷子。就在那個時候，富勒受到激勵，進而認為那三份工作不適合自己，因為自己不喜歡那些工作。

那些工作並非自然地來到他身邊，自然地來到他身邊的工作是銷售。他立刻明白：自己會把銷售工作做得很出色，自己喜愛這種工作，所以把全部精力集中於從事銷售工作。

他成為一個成功的業務員，在攀登成功階梯的時候，又設定一個目標，那就是：創辦自己的公司。如果他可以經營買賣，這個目標就會非常適合他的個性。

於是，富勒停止為別人銷售刷子。這個時候，他比過去任何時刻更高興。他在晚上製造自己的刷子，然後第二天出售。營業額開始上升的時候，他在一間舊棚屋裡面租下一個空間，雇用一個助手，為自己製造刷子，他集中精力做銷售工作。那個最初失去三份工作的年輕人，取得什麼樣的結果？

富勒製刷公司擁有幾千個業務員和數百萬美元的年收入。

一份適合自己的工作，才可以讓自己充分發揮才能，創造巨大的輝煌，書寫偉大的成功。

工作沒有高低貴賤之分，關鍵是：找到適合自己的工作，即使是一份不起眼的工作，只要可以讓自己發揮天分，就可以獲得成功。富勒不是從推銷刷子開始，最終締造一個刷子王國嗎？

如果我們失去一份工作，這不是敗局的來臨，而是希望的開始，有希望開始一份適合自己的工作。

找到適合自己的工作，不是一件容易的事情，有時候要經過長時間的探索。所以，成功需要耐心和不間斷的探索。

達爾文曾經對詩歌產生興趣，年輕的時候，每天上午都要背誦幾十行詩。但是他很快發現自己「詩才」平庸，於是立刻轉向生物學。

如果我們有自知之明，善於設計自己，從事自己最擅長的工作，就可以獲得成功。發現自己的優勢，讓自己更好地為自己服務。

專注可以讓自己更強大

很多時候，失敗不是因為自己不會做和做不好，而是因為自己沒有在限定時間裡做好，其根本原因就是不夠專注。

我們的時間看起來好像是無限的，所以總是把重要的事情推延到明天或後天，然後去做那些不重要卻可能有用的事情，進而分散自己的注意力，美其名曰：擴大眼界、學習潮流……結果，大多是自己無法像想像中的那樣同時做好。如果我們專心地做事，在同樣的時間裡，可能已經完成許多事情。

獨處靜思，才可以做出更正確的選擇

在現代社會中，紛繁複雜的事情越來越多，我們總是不自覺地迷失其中。

此時，最好的方法是：靜下心來，一個人獨處，冷靜地權衡利弊。只有獨處的時候，大腦才是最清

醒的，才可以做出更正確的選擇。

日本美能達照相機公司專門為員工設立一間「靜坐沉思室」，裡面擺放一張桌子和一把椅子。這個房間不受外界電話和信件等因素的干擾，可以讓員工思考過錯，也可以讓員工充分發揮想像力，產生靈感，以助於公司的管理與生產。即使有員工在裡面睡覺，公司也不會阻止。因為在他們看來，這樣可以讓員工恢復體力，以利於更好地工作，同樣對公司有利。

「降魔者先降自心，心伏則群魔退聽；馭橫者先馭此氣，氣平則外橫不侵。」所有煩惱與痛苦皆是來自於心，只有心靜，才可以降伏所有魔道。寧靜可以致遠，獨處時候的寧靜，可以讓自己放鬆身心，提高分析問題的能力。

莊子說：「其嗜欲深者，其天機淺。」大意是說：如果總是沉溺於感官享受，人們的智慧就會變得淺薄。自古以來，智者都是可以適應獨處之人。只有獨處，才可以讓自己大徹大悟，才可以具有智慧，領悟人生的真諦。獨處的時候，可以讓自己充分感受寧靜祥和，忘記爭鬥與煩惱，如同走出喧鬧的都市進入寂靜的曠野一般，讓自己心曠神怡。此時，獨坐一室，於清茶中品味人生，生命的目的因此明晰；在詩文中品味生活，生活就會多采多姿。

清代著名的政治家和文學家曾國藩，曾經向一個修為極高的出家人請教養生之道。出家人磨墨運筆，龍飛鳳舞地寫了一張處方給他。

曾國藩接過處方又問：「現在正是七月流火之時，天氣炎熱，弟子往日總是感到五內沸騰，如坐蒸籠。為何今日在大師這裡，似乎有涼風吹面一樣，一點也不覺得熱？」

出家人朗聲說：「乃靜耳。老子云：『清靜為天下正。』水靜則明燭鬚眉，平中準，大匠取法焉。水靜猶明，而況精神？聖人之心靜乎！天地之鑑也，萬物之鏡也。夫虛靜恬淡寂漠無為者，天地之平而道德之至。世間凡夫俗子，為名、為利、為妻室、為子孫，心如何能靜？外感熱浪，內遭心煩，故燥熱難耐。大人或許還要憂國憂民，畏讒懼譏，或許心有不解之結，肩有未卸之任，也靜不下來，故有如坐蒸籠之感。切脈時，我以己心靜感染你，所以你不再覺得熱。」

俗話說：「心靜自然涼。」如果可以心如止水，心中沒有任何煩惱和牽掛，就會「涼風拂面」，如果有太多的惦念，心不得閒，就會「如坐蒸籠」。

在這個充滿焦慮的時代，靈魂和內心更需要獨處時候的寧靜。這片寧靜可能在高山上，可能在大海邊，可能藏在一間鄉村小屋中。只要敢於獨處，用心去體會，就可以體會它的妙用。

獨處的時候，可以把腦海中的各種想法釋放出來，冥想令人憤怒和煩惱的情景，在冥想的寧靜中經過加工的憤怒和煩惱，再次返回大腦記憶的時候，已經不帶有任何感情色彩，不會對我們造成傷害，也不會帶來壓力。

如此一來，我們面對世間紛擾的時候，就可以在寧靜中超越自我。

盡自己最大的努力去做事

讓自己發揮能力和讓自己發揮潛能，散發出來的能量是不同的。無論做任何事情，只是盡心盡力還不夠，這樣最多比別人做得更好，卻無法從平庸的層次跳脫出來。只有竭盡全力，發揮別人雙倍的能量，才可以有優秀的表現。

我們經常聽到這句話：「我覺得自己已經盡最大的努力，可是結果卻讓人失望。」說這句話的人，是否真的盡了最大的努力？未必！**正如著名企業家王永慶所說：「所有事情沒有輕鬆而舒服讓自己獲得的。凡事一定要經過苦心追求，才可以真正瞭解其中奧秘而有所收穫。有壓力感，覺得還不夠好，做出苦味才會不斷進步，一放鬆就不行。」**

事實正是如此，只是感到有些壓力，不等於竭盡全力。竭盡全力，就是要求我們要盡自己最大的努力去做。無論我們做什麼事情，只要讓自己的潛能燃燒起來，瘋狂地去做，沒有什麼事情是無法做好的。

從某種程度來說，付出和收穫是成正比的。我們付出多少，就會得到多少回報。盡自己最大的努力去做，收穫的也是最大的回報。

年輕的吉米・卡特從海軍學院畢業以後，遇到海軍上將李高佛。將軍請他隨便說幾件自認為得意的事情，於是他非常得意地談論自己在海軍學院畢業時候的成績：「在全校八百二十個畢業生之中，我名列第五十八名。」

他以為將軍聽了以後會誇獎自己，不料將軍不僅沒有誇獎他，反而問他：「你為什麼不是第一名？你盡自己最大的努力嗎？」這句話使他驚愕不已，很長時間答不出話。

但是他牢牢地記住將軍這句話，並且將它作為座右銘，隨時激勵和告誡自己要不斷進取，不能驕傲和鬆懈，盡最大努力去做好每件事情。最後，他以堅忍不拔的毅力和不斷進取的精神登上人生的巔峰，成為美國第三十九任總統。

面對競爭，只要自己認為有希望，就要全力去做。每天睡覺以前，都要問自己：是否已經竭盡所能？永遠盡力而為，誠實努力。如果自己確實做到，最後就可以得到豐碩的果實。

有一個女孩，進入社會的第一份工作就是幫別人洗馬桶。剛開始的時候，她非常不習慣，將抹布伸進馬桶的時候，就會想要嘔吐，她覺得自己不能再做這份工作。有一天，她在洗馬桶的時候又想要嘔吐，於是把抹布拋到一邊，心想：為什麼自己一定要做這種工作？

這個時候，有一位前輩走過來，拿起抹布，一遍又一遍地擦馬桶，直到把馬桶擦得光亮照人。然後，他拿起一個杯子，舀了一杯馬桶裡面的水，仰頭一飲而盡，就像喝汽水一樣。這位前輩沒有說一句話，卻讓那個女孩受到極大的震撼，她沒有想到一件小事也可以做得如此完美。

從此以後，她隨時用前輩的行為來鼓勵自己，做好每件看似微不足道的事情。最後，這個女孩成為日本的郵政大臣，也就是郵政部門的最高長官，她的名字是野田聖子。

做任何事情的時候，無論是大是小，都應該盡心盡力，滿腔熱情，鍥而不捨。只有這樣，才可以成就無憾無悔的人生！

從大局出發，放棄不必要的事情

想要成就大事，就要統觀全域，不可以糾纏在小事之中。許多很有潛力的人，就是被一些不重要的事情阻擋前進的道路，甚至因為斤斤計較而毀掉自己的一生。

處理事情的時候，過分強調細枝末節，以偏概全，就會無法掌握關鍵問題，思緒雜亂，不知道從哪裡下手。為什麼要把注意力放在細枝末節上？不糾纏在小事之中，選擇最重要的事情去做，才是做事的方法。

《淮南子》「九方皋相馬」的故事，就是一個很好的例子。

秦穆公對伯樂說：「你的年紀大了，家裡有可以去尋找千里馬的人嗎？」

伯樂回答：「好馬可以從外貌和筋骨上看出來，但是千里馬很難捉摸，其特點若隱若現，若有若無。我的兒子們都是才能低下的人，我可以告訴他們什麼是好馬，但是無法告訴他們什麼是千里馬。我有一個朋友，名字叫做九方皋。他相馬的本領不比我差，請你召見他吧！」

於是，秦穆公召見九方皋，派遣他去尋找千里馬。

三個月之後，九方皋回來了，向秦穆公報告：「千里馬已經找到了，在沙丘那個地方。」

秦穆公問他：「是一匹什麼樣的馬？」

九方皋回答：「是一匹黃色的母馬。」

秦穆公派人去看，結果是一匹公馬，而且是黑色的。秦穆公非常不高興，於是將伯樂召來，對他說：「真是糟糕，你推薦的那個尋找千里馬的人，無法分辨馬的顏色和雌雄，怎麼會知道是不是千里馬？」

伯樂長嘆一聲，然後說：「他相馬的本領竟然高明到這種程度，這正是他超過我的原因啊！他掌握千里馬的主要特徵，忽略牠的表面現象；注意牠的本領，忘記牠的外表。他看到自己應該看到的，放棄自己不必看到的；他觀察到自己要觀察的，放棄自己不必觀察的。像九方皋這樣相馬的人，才是真正達到最高的境界！」那匹馬，果然是天下難得的千里馬。

一個人對於某件事情猶豫不決的時候，就會產生迷惑或徬徨。這個時候，如果可以針對自己的目的，掌握核心問題來研究，就可以發現一條排除迷惑的道路。例如：想要選購一套西裝，可以先明確地限定是何種花紋、樣式、質料，如果決定以花紋為主，樣式和質料就可以作為次要考慮的條件。如果掌握重點來考慮問題，就可以果斷地選購，而且不會遭到別人的埋怨，自己也不會後悔。

看問題的時候，應該把重點放在比較大的目標上。如果用部隊的術語來說，我們寧願失去一場戰鬥而贏得一場戰爭，也不要贏得一場戰鬥而失去一場戰爭。

無論是用人還是做事，都應該從大局出發，不要因為一些小事而妨礙事業發展。我們要用的是一個人的才能，而不是他的過失。

每件小事都值得認真做

即使是一件小事，我們也應該用心去做。

行為本身無法說明自身的性質，它的性質取決於我們行動時候的精神狀態。工作是否單調乏味，往往取決於我們工作時候的心境。

每件事情對人生都有十分深刻的意義。泥瓦匠在磚塊和砂漿之中看出詩意；圖書管理員經過辛勤工作，在整理書籍的時候感到自己取得一些進步；學校的老師對按部就班的教學工作從未感到絲毫的厭倦，他們看到自己的學生就變得非常有耐心，所有的煩惱都拋到九霄雲外。

如果只用別人的眼光來看待自己的工作，只用世俗的標準來衡量自己的工作，工作或許就沒有任何吸引力和價值可言。

我們對事物的認識經常是有局限的，必須從內部去觀察才可以看到事物的真正本質。有些工作只從表象上看無法認識到其意義所在，只有從工作本身去理解工作，將它看作是人生的權利和榮耀，才可以保持自己個性的獨立。

不要小看自己做的每件事情，即使是最小的事情，也應該全力以赴，盡職盡責地完成。小事的順利完成，有利於大事的順利達成。只有一步一腳印地向上攀登，才不會輕易跌落，工作真正的能量就蘊藏在其中。

成長是一種累積，無論什麼行業，想要攀上頂峰，都需要漫長時間的努力和精心的規劃。想要登上成功的巔峰，就要永遠保持自動自發的精神，在快速成長中，耐心等待更高的人生回報。我們養成這種習慣的時候，就有可能成為出色的人。

成就大事的人和凡事得過且過的人最根本的區別在於：前者懂得為自己的行為負責；後者只知道討好別人和機械地完成目標，對自己的行為不願意承擔任何責任。

大多數工作其實很簡單，但是在那些優秀的人看來，這些工作可以潛移默化地給予自己寶貴的經驗。無論在什麼樣的工作環境中，他們都可以學會許多東西。

如果我們在每項工作中深信這一點，自己的生活就會變得更好。

從今天開始，從現在的工作開始，不必等到未來的某一天，找到理想的工作再行動。

自動自發的人可以隨時準備把握機會，展現超過別人要求的工作表現。他們擁有足夠的以目標為導向而不惜打破常規的智慧和判斷力，他們工作的最終目標不僅是公司和主管的目標要求，而是自己心中的最好。

什麼是自動自發？自動自發就是沒有人要求和強迫自己，自己卻自覺而出色地做好自己的事情。一個自動自發的人，對待工作是勤奮的，對待老闆是忠誠的，對待公司是敬業的，對待自己是負責的。

只有在別人注意或是主管在身邊的時候才會努力工作的人，永遠無法到達成功的巔峰，因為最嚴格的標準應該是自己設定的，而不是別人要求和提出的。如果我們對自己的期望比主管對自己的期望更高，就不必擔心會失去這份工作。同樣地，如果我們可以達到自己設定的最高標準，自己的快速成長將會指日可待。

妥善使用二八定律，把精力放在最見成效的地方

二八定律也稱為帕累托定律，是十九世紀末二十世紀初義大利經濟學家帕累托提出的。他認為，在任何一組東西中，最重要的只佔其中一小部分，大約二〇%，其餘八〇%儘管是多數，卻是次要的，因此又稱為二八法則。

二八法則提倡的是「有所為，有所不為」的經營方略。它將二〇／八〇作為確定比值，說明企業管理不應該面面俱到，應該抓住關鍵的人物、關鍵的環節、關鍵的職位、關鍵的專案。因此，企業家想要有所建樹，就要將企業管理的注意力集中到二〇%的重點經營要務上，採取傾斜性措施，確保它們得到重點突破，進而以重點帶全面，取得企業經營的整體進步。

哪些經營要務屬於二〇%應該列為重點的工作？以一般性企業來說，不外乎六個方面：重點人才、重點產品、重點市場、重點使用者、重點資訊、重點專案。將這六個方面的重點按照佔經營工作二〇%的比例確定下來，實施二八法則，就有一個重要的基礎。

二八法則揭示一個道理：小部分的原因、投入、努力，可以產生大部分的結果、產出、收益。

在做事的時候，我們也可以使用這個法則，抓住重點。一個時期只有一個重點，一次只做一件事情。聰明人要學會抓住重點，首先解決主要問題，然後解決次要問題。

妥善使用二八法則，就是把精力用在最見成效的地方。

美國企業家威廉・莫爾在為格利登公司銷售油漆的時候，第一個月只賺了一百六十美元。他仔細分析自己的銷售圖表，發現八〇%的收益來自二〇%的客戶，但是自己卻對所有客戶花費同樣時間。

於是，他要求把自己最不活躍的三十六個客戶重新分配給其他業務員，自己把精力集中到最有希望的客戶上。不久，他一個月就賺到一千美元。莫爾從未放棄這個原則，使自己最終成為凱利—莫爾油漆公司的主席。

善於抓住主要問題，是一個非常關鍵的工作思路，不僅要著眼於現在，更要把握未來，由此及彼，由表及裡，透過現象抓住本質。我們面臨很多工作的時候，心裡可能是一團亂麻，如何釐清思路，迅速拿出方案，不僅需要機靈的思維，更要有掌握大局的能力。

一個人對於某件事情猶豫不決的時候，就會產生迷惑和徬徨。這個時候，如果可以針對自己的目的，抓住核心問題來研究，就可以掌握事情的本質而不會出錯。

現代社會對人們的能力要求越來越高，而且要求的不是某一方面的能力，而是一種綜合能力。因此，妥善使用二八定律，對我們做事有很大裨益。

克服負面情緒，舒緩心靈壓力

成功人士大多是善於控制自己情緒的人，他們也有憤怒、沮喪、低落、緊張的時候，難能可貴的是：他們知道如何去克制。憤怒、沮喪、低落、緊張等負面情緒，對成功沒有任何好處。克服自己的負面情緒不是憋著忍著，那只是表面現象。真正克服負面情緒，是要用一顆包容的心來化解一切。

主動付出，戰勝嫉妒

嫉妒是一種讓人又愛又恨的感受，愛它是因為它可以帶給自己優越感，恨它是因為自己的存在對別人造成危機感。於是，聰明的人以主動付出、寬厚待人、低調處理的方式，將它化整為零。

俗話說：「恨是離心藥，愛是膠合劑。」無論對方出於什麼原因嫉妒你，主動找他說話，讓他發洩一番，是解決衝突的根本。如果你可以用寬容之心包容他，給他鼓勵，甚至給他機會跟自己公平競爭，最終你贏了，他自然無話可說。如果你輸了，就讓他高興一下，也可以據此尋找自己的缺點，力求完善。

示弱是消除身邊嫉妒的最好方法，適度地讚揚別人的優點，也可以彰顯自己的胸懷和氣度。也許你在某些方面超越別人，但是在其他方面可能不如他。這個時候，不妨給他提示，告訴他有什麼優點。同時，你也可以找他幫忙，並且告訴他，這件事情除了他以外，沒有人可以解決。他發現比自己強的人也要求助於自己的時候，就會產生一種優越感。

此外，化解嫉妒的最佳方式就是將自己負責的每件事情都做得盡善盡美，你的實力是給對方最好的解釋。你們也可以共同從事一件事情，在做這件事情的過程中，讓對方看到你處理事情的方式，以及解決問題的能力，讓他對你刮目相看。對方發現你確實有實力以後，這種嫉妒往往會化為羨慕和尊重。

嫉妒的人是可恨的，他們無法容忍別人的快樂與優秀，會用各種手段去破壞別人的幸福，有些採用流言蜚語進行中傷，有些採取卑劣手段進行破壞；嫉妒的人是可憐的，他們自卑而陰暗，無法享受真正的幸福，無法體會人生的樂趣，總是生活在悔恨和痛苦中；嫉妒的人是可悲的，心情長久處於陰暗，它是摧毀人性和健康的毒藥。

所以，與其嫉妒別人，不如放寬胸襟，學會主動付出。我們應該瞭解，自己取得的成績與別人的幫助是分不開的。在取得成功和榮譽的時候，不要冷落別人，也不要居功自傲，因為這樣很容易招來別人的嫉妒。相反地，真誠地感激眾人，給予他們物質上的感謝，虛懷若谷，就會得到眾人的擁護和支持，不致招來嫉妒。

堅守一顆寧靜的心

情緒是客觀事物作用於人類感官而引起的心理體驗，無論喜、怒、思、悲、驚，都有其原因和對象。幽靜的環境、清新的空氣、高尚的品格、豐富的物質、繁榮的文化，可以引起人們愉快而輕鬆的積極情緒；髒亂的環境、汙濁的空氣、不良的品格、庸俗的物質、枯萎的文化，可能導致人們厭煩而憤怒的消極情緒。情緒具有雙重性——一是兩極性，例如：快樂和悲哀、熱愛和憎恨、輕鬆和緊張、激動和平靜；二是暗示感染性的大小，往往由人們地位和作用的不同而不同。

現代心理學告訴我們，人類的情緒有兩個關鍵時間：一是早晨用餐以前，二是晚上就寢以前。在這兩個關鍵時間裡，每個家庭成員都要保持良好心境，穩定自身情緒，盡量不要破壞家庭的祥和氣氛，避免引起情緒汙染。假如在一天的開始，家庭某個成員情緒很好或是情緒很壞，其他成員就會受到感染，產生相應的情緒反應，進而形成愉快輕鬆或是沉悶壓抑的家庭氛圍。

每個人都有情緒低落的時候，這個時候，一是要具有克制精神，二是要學會情緒轉移。

把不良情緒帶回家，將心中怨氣發洩在家人身上，為一些小事耿耿於懷……都會影響家人情緒，造成家庭情緒汙染。

其實，我們的心靈也需要一片寧靜的天空，讓自己的情緒在寧靜的天空下，得到平復與安寧。

每個人都嚮往寧靜，但是生活的海洋裡，因為有名譽、金錢、房子在興風作浪而難以寧靜。許多人被自己的欲望驅使，就像胸中燃燒著熊熊烈火，如果受到挫折，無法得到滿足，就像掉入寒冷的冰窖中。生命如此大喜大悲，哪裡有平靜可言？他們因為毫無節制的狂熱而騷動不安，因為不加控制的欲望而浮沉波動。只有明智之人，才可以控制和引導自己的思想與行為，才可以控制心靈經歷的風風雨雨。

快節奏的生活、對環境的汙染和破壞，都會使我們難以平靜。然而，生命本身是寧靜的，只有內心不為外物所惑，不為環境所擾，才可以達到像陶淵明那樣身在鬧市而無車馬之喧的境界。

寧靜是一種心態，是生命盛開的鮮花，是靈魂成熟的果實。寧靜在心，在於修身養性。只要有寧靜之心，追求寧靜的人就可以心胸開闊，不為誘惑所動，坦蕩自然。

寧靜和智慧一樣寶貴，其價值勝於黃金。

真正的寧靜，是心理的平衡，是心靈的安靜，是穩定的情緒。

心靈的寧靜來自於長期而耐心的自我控制，表示一種成熟的經歷以及對事物規律的不同尋常的瞭解。對未來進行抗爭的人，才有面對寧靜的勇氣；在昔日擁有輝煌的人，才有不甘寧靜的感受；為了收穫而辛勤耕耘的人，才有資格和能力享受寧靜。

善於尋找方法，就會有更多機會

善於尋找方法去解決工作和生活中的問題和困難，是我們決勝的根本，也是一個企業維持競爭力的保障。無論在什麼時候，善於尋找方法的人比遇到問題就逃避的人有更多的機會，更容易受到人們的歡迎。

每個人都會在工作和生活中遇到問題，沒有任何問題的理想狀態根本不存在。所以，面對問題和困難，我們不必擔憂和逃避，只要找出解決問題的方法，所有困難將會迎刃而解。

問題容易發現，解決方法卻難找，成為人們不喜歡解決問題的理由和藉口。每個人對待問題的態度是不同的：善於發現問題的人，經常主動思考各種應對的方法；不善於發現問題的人，不會主動思考如何解決問題，別人發現問題想要與之共同解決的時候，得到的回應卻是藉口。

無論解決什麼問題，是否使用正確方法才是最重要的關鍵。每個問題都有自己的特點，所以我們必須具體問題具體分析，積極尋找解決方案，強加套用或是照搬模仿都是不可取的。遇到容易更改方法和可以反覆實驗的事情，多嘗試幾種方法也未嘗不可，如果關係到整體利益或是重大決策的時候，不能輕易地替換方案，應該在採用之前慎重討論和修改。

想要改進解決問題的方法，可以向許多成功人士學習，要有敢於與眾不同的勇氣和決心，也要有可以獨立思考和判斷的思維。突破舊有的思維模式，就可以找到解決問題的方法。

一個國王約見平時以笨出名的平民阿笨，要他完成一項任務：在一個同時只能烙兩張餅的鍋中，三分鐘內烙好三張餅，並且每張餅必須烙兩面，每面烙一分鐘。

按照國王的要求，最少需要四分鐘的時間，可是阿笨卻用一個方法完成任務。第一分鐘，先烙兩張餅。第二分鐘，把一張翻烙，取出另一張，換烙第三張。第三分鐘，把烙好的一張取出，另一張翻烙，並且把第一次取出的那張放回鍋中翻烙。結果，他用三分鐘時間烙好三張餅。

透過集思廣益，為解決問題提供許多有參考意義和價值的方法。集思廣益不僅有利於會議決策者在短時間做出決定，也可以激發與會者的思維潛能和工作熱情。

無論做什麼事情，最好的方法永遠是：具體問題具體分析。

在美洲剛開始得到開發的時期，一群社會學家在路易斯安那州買下幾百畝土地，開始為實現一個理想而工作。他們擬定一套制度，讓每個人從事自己最喜歡的工作，或是從事擁有最佳裝備的工作。他們擁有自己的牧場和製磚工廠，還有一個印刷廠出版自己的報紙。

一個來自明尼蘇達州的瑞典移民也加入這個組織。根據他自己提出的請求，他立刻被分配到印刷廠工作。但是沒過多久，他卻開始抱怨，說自己不喜歡這個工作。於是，他被調到農場工作，負責駕駛一輛拖拉機。但是，他對這個工作只忍耐兩天，就覺得再也無法忍受。於是，他又申請調職，被分配到牛奶廠工作。結果，他和那些溫順的乳牛也相處不好。就這樣，他嘗試許多工作，但是沒有什麼工作是他喜歡的。

就在他要退出這個組織的時候，有人突然想到，有一個工作是他尚未嘗試的——就是在製磚工廠中工作。於是，他領到一輛手推車，負責把製好的磚頭從磚窯裡運送到磚場上疊成堆。一個星期過去了，沒有人聽到他的抱怨。有人問他是否喜歡這個工作，沒想到他十分開心地說：「這正是我喜歡的工作。」

從此，這個瑞典人一直獨自做著這個工作。雖然這個工作在別人眼裡枯燥無比，但是他的工作效率卻非常高。

不是同樣的方法都可以對所有人產生同樣的效率和結果，適合一個人的方法在另一個人看來也許是最笨的，但是喜歡用這種方法做事的人卻可以運用自如，順利解決問題。因此，遇到問題要具體分析，用對方法才可以解決問題。只要用對方法，堅持下去，就沒有無法解決的問題。

不要帶著情緒做事，學會做情緒的主人

許多人都瞭解要做情緒的主人這個道理，但是遇到問題的時候總是知難而退：「控制情緒實在是太難了。」言下之意就是：「我無法控制自己的情緒。」

不要小看這些自我否定的話語，這是一種嚴重的不良暗示，它會摧毀我們的意志，失去戰勝自我的決心。有些人習慣於抱怨生活：「沒有人比我更倒楣，生活對我太不公平。」抱怨聲中，他們得到片刻的安慰和解脫，結果卻會因小失大，讓自己無形中忽略主宰生活的職責。所以，我們要改變自己對身處逆境的態度，用開放性的語氣對自己堅定地說：「我絕對可以走出情緒的低谷，現在就讓我來試試！」這樣一來，我們的自主性就會被啟動，沿著它走下去就是全新的世界，就可以成為自己情緒的主人。

遇事需要冷靜，考慮後果，秉持息事寧人的態度去化解衝突，就不會為一些雞毛蒜皮的小事而糾纏不清，更不會使衝突擴大和升級。即使在雙方僵持不下無法達成和解的情況下，也可以尋求司法部門的幫助，運用法律和規定妥善處理問題。忍一時的委屈，保全彼此的和諧寧靜，不會損失什麼，反而會贏得更寬闊的心靈空間。

美國研究刺激反應的專家理查・卡爾森說：「我們的惱怒有八〇%是自己造成的。」這位專家在演講中教導人們如何不生氣。他把防止激動的方法歸結為這樣的話：「請冷靜下來！要承認生活是不公平的。任何人都不是完美的，任何事情都不會按照計畫進行。」

埃森醫學心理學研究所所長曼弗雷德・薛德洛夫斯基研究得到這樣的結論：使人們受到壓力是長時間的刺激反應。他的研究調查結果顯示：六一%的德國人覺得在工作中無法勝任，三〇%的人因為覺得無法妥善處理工作和家庭的關係而有壓力，二〇%的人抱怨與主管關係緊張；十六%的人在路途中精神緊張。

理查・卡爾森的黃金規則是：不要讓小事牽著鼻子走。他說：「要冷靜，要理解別人。」

在日常生活中，我們難免遇到一些挫折和困難，只是生氣、焦慮、埋怨，不僅無法使事情好轉，反而會嚴重傷害自己的身心健康。因此，不要讓情緒影響自己做事的過程，及時疏導不良情緒，調整積極情緒，才會更有利於事情的進展。

情緒給我們帶來許多感受：可以使我們精神煥發，也可以使我們萎靡不振；可以讓我們時而冷靜，時而衝動，時而理智思考，時而失去控制。情緒存在於每個人心中，而且在不同時期和場合產生奇妙效果。例如：我們獲得榮譽和完成任務的時候，內心充滿得意和驕傲；受到挫折或是遭遇委屈的時候，就會悲觀、失望、沮喪。面臨危險，我們會害怕和恐懼；面對挑釁和威脅，我們會憤怒。期望變成失望的時候，會覺得有失落感；前途渺茫的時候會憂鬱，緊迫的工作和眾多的壓力會讓我們焦慮不安……這些情緒的變化和活動，是每個人都有的。這些情緒的變化，決定我們做事的成敗、效率的高低、結果的好壞。所以，做事之前先進行情緒的調節，對於我們養成良好的態度和習慣十分關鍵。

研究顯示，強烈的情緒反應會驟然阻斷人們的正常思維，持久而熾熱的情緒可以激發人們無限的潛能去完成某些工作。

我們要做自己情緒的主人，培養愉快的心情，調節自己的情緒，提高適應環境的能力，保持樂觀向上的精神狀態。控制自己的情緒十分重要，心情愉快，才可以愉快地做任何事情，成功的機率才會更大。

情緒是可以控制的，只要妥善操縱情緒轉換器，隨時提醒自己和鼓勵自己，就可以有良好情緒。我們可以試著用理智來駕馭情緒，使自己的情緒逐漸變得穩定。

第6章

不迷茫於過去，才可以成就將來的自己

再好的想法，也要行動才會變成夢想

再遠的路也在腳下，再好的想法也要行動才可以達成。無論做什麼事情，只有下定決心並且立刻行動，才會有成功的可能。行動和努力，是成就自己的唯一條件。

遠離空想，腳踏實地

我們的一生不管做什麼事情，都要實實在在。萬丈高樓平地起，夯實地基為第一；參天大樹搏風雨，扎實根基為第一；穀子低頭笑茅草，豐盈子實為第一；有志之士建功業，充實自己為第一。

然而，在生活中經常有這種情況：有些人胸懷大志，但是有些好高騖遠，總是喜歡想入非非，不願意老實學習，踏實行動。長此以往，就會成為一個空想家，最後什麼事情也無法做成。我們如果好高騖遠，就會在成功的操作方法上犯錯。不經過程而直達終點，不從卑俗而直達高雅，捨棄細小而直達廣大，跳過近前而直達遠方，這樣的結果，只是黃粱夢一場。腳踏實地的人，就會心想事成。

有一個玉匠收了兩個徒弟。在這兩個徒弟跟著師傅學藝五年以後，師傅想要考察他們，於是在一天晚上把他們叫到跟前說：「在崇山峻嶺深處有一塊美玉，它沒有任何缺陷，毫無瑕疵，是一塊無價之寶。你們跟我學了五年，應該出去成就一番事業。你們去找那塊沒有瑕疵的玉石，找不到就不要回來見我。」

這兩個徒弟第二天就離開師傅，進入深山。

大徒弟是一個注重實際不好高鶩遠的人。在路途中，有時候發現的是一塊有缺陷的玉石或是石頭，或是一塊成色一般的玉石，他全部裝進自己的包裡。三年之後，到了他和師弟約定的回家日期。此時，他的行囊已經裝得滿滿的，裡面有各種各樣的玉石，以及一些充其量只是「奇石」的東西。

小徒弟也來了，可是他兩手空空什麼也沒有拿，他說自己沒有找到絕世珍品。

小徒弟還說：「我不回去，師傅曾經說，找不到絕世珍品就不能回家，我要繼續去更遠更險的山中探尋，一定要找到絕世美玉。」

大徒弟帶著自己的那些東西回家，師傅滿意地點點頭。大徒弟又把小徒弟的話傳達一遍，師傅聽了以後，嘆了一口氣，說：「你的師弟不會回來了，他是一個不合格的探險家。他如果幸運，可以中途醒悟，明白至美是不存在的道理，是他的福氣。如果他無法及早醒悟，只能以付出一生為代價。」

後來，大徒弟開了一家玉石館和一家奇石館。他把玉石加工，結果每塊玉石都成為無價之寶。他的奇石館也很賺錢，那些奇石也成為一筆巨大的財富。短短的幾年之後，大徒弟的玉石館已經享譽八方。

又過了很多年，師傅生命垂危。大徒弟對師傅說，要派人去尋找師弟。師傅說：「不要去找，如果經過這麼長的時間和這麼多的失敗都無法醒悟，這樣執迷不悟的人即使回來又可以做成什麼事情？世界上沒有純美的玉，沒有完善的人，沒有絕對的事物，好高騖遠，為追求不切實際的東西而耗費生命的人，何其愚蠢啊！」

好高騖遠而脫離實際的人，註定只能生活在虛幻之中，這種人沒有堅實的基礎，獲得的只有空中樓閣。

立刻行動，不要等到明天

做任何事情都不要拖延，拖延是阻礙自己成功的最大障礙之一。每個人都有惰性，總是希望今天可以少做一些事情，可以拖到明天的就拖到明天，這是一種非常錯誤的想法，如果把今天的事情放到明天去做，明天的事情又要放到什麼時候去做？只有今天及時把應該做的事情做完，才可以輕鬆處理明天可能要做的事情，只有每天都有條理地完成每天的工作，才不會出現手忙腳亂的情景。

懶惰之人的一個重要特徵就是——拖沓。把今天應該完成的事情拖延到明天甚至後天，這是一種很壞的習慣。對一位渴望成功的人來說，拖延最具破壞性，也是最危險的惡習，它會使人們喪失進取心。如果開始遇事拖沓，就很容易再次拖延，直至變成一種根深蒂固的習慣。解決拖沓的唯一良方就是立刻行動，不要等到明天。我們開始及時做事——任何事情的時候，就會驚訝地發現，自己的處境正在迅速的改變。

有些人可能會說，在必要的時候拖延一下也是情有可原，甚至有所裨益，例如：在倦怠、懶散、消沉、惱怒的時候，停止工作比繼續工作的效果更好；在條件不是非常充分就進行某項工作的時候，不如先把工作放在一邊等待條件進一步成熟；有突如其來而且更重要的任務需要完成的時候，分清輕重緩急是十分必要的；在準備迎接挑戰卻感到力不從心的時候，先休息以積蓄更多的能量，很可能在再次出手的時候就變得輕而易舉……

這些都是在為自己的拖延找藉口，我們明顯地看到那些出眾的人不會因此為自己的拖延找藉口，他們不會因此推脫確實需要立刻行動的工作。所謂的情緒和效率，不能成為我們拖延工作的理由，我們可以做的是：盡快調整自己的狀態，讓自己適應工作，而不是隨著自己的心情去工作，因為這樣永遠無法成功。

從現在開始，克服自己的惰性。立刻行動，完成手上應該做的事情！不要拖到明天，如果事事待明日，只會萬事成蹉跎。

立刻行動，不要讓夢想萎縮

大多數的人在開始的時候都有遠大的夢想，但是因為缺乏立刻行動的個性，所以夢想逐漸萎縮，各種消極的思想衍生，甚至從此不敢再有任何夢想，過著隨遇而安、樂天知命的平庸生活，這也是為什麼成功者總是佔少數的原因。

有一個幽默大師曾經說：「每天最大的困難，就是離開溫暖的被窩，走到冰冷的房間。」我們躺在床上，認為起床是一件困難的事情，它就會變成一件困難的事情。即使這麼簡單的起床動作：把棉被掀開，同時把腳伸到地上，也可以擊退自己的恐懼。

那些成功人士不會等到精神飽滿的時候再去做事，而是推動自己的精神去做事。

「現在」這個詞語，對成功的妙用無窮。「明天」、「下個星期」、「以後」、「將來某個時候」、「有一天」，往往就是「永遠無法做到」的同義詞。有很多計畫無法實現，只是因為應該說「我現在就去做，立刻開始」的時候，卻說「我將來有一天會去做」。

畢爾先生每個月的收入是一千美元，但是每個月的支出也要一千美元，收支剛好相抵。他和妻子珍妮想要儲蓄，但是經常會找一些理由使自己無法開始。他們說了很多年：「加薪以後，立刻開始存錢」「分期付款還清以後，就要……」「度過這次困難以後，就要……」「下個月就要……」「明年就要開始存錢」。

最後，還是他的妻子不想再拖。她對畢爾說：「你仔細想想，到底要不要存錢？」

他說：「當然要啊！但是現在沒有多餘的錢。」

這一次，珍妮下定決心，她接著說：「我們想要存錢，已經想了很多年。因為覺得沒有多餘的錢，所以一直無法存錢。從現在開始，要認為自己可以存錢。我今天看到一個廣告：如果每個月存一百美元，十五年以後就有一萬八千美元，外加六千六百美元的利息。廣告又說：『先存錢，再花錢』比『先花錢，再存錢』更容易。如果你真的想要存錢，就把薪水的一〇%存起來，不要再移作他用。我們也許要依靠餅乾和牛奶過到月底，只要我們真的那麼做，一定可以辦到。」

他們為了存錢，起初幾個月吃盡苦頭，盡量節省，才省下這筆預算。現在，他們覺得「存錢跟花錢一樣好玩」。

隨時記住班傑明・富蘭克林的話：「今天可以做完的事情，不要拖到明天。」這就是我們經常說的：「今日事，今日畢。」

如果隨時想到「現在」，就會完成許多事情；如果隨時想到「有一天」，就會一事無成。夢想是成功的起跑線，決心是起跑的槍聲。行動就像跑步者全力奔馳，只有堅持到最後一秒的人，才可以獲得成功的錦標。

現在不想做，以後更不想做

「我會盡快去做」「我最近很忙」「過幾天再說，現在我手上有事」等藉口，最容易養成拖延的不良習慣。實際上的結果是：最初自己不想做的事情，最後還是不想做。

所以，不要把起初沒有做好的事情期望以後會做得更好，其中的理由和藉口只會讓自己更不想做。與其這樣，不如把每件事情在最初階段就做好，而不是日後再來修補。

一個優秀的員工，不會在工作中尋找任何藉口。技能不足的人會想盡辦法提高自己的技能，最大限度地發揮自身優勢，以展現自己的工作價值。如果在時間上產生衝突，為了更合理地利用時間，他們不會說「我真的很忙」「我沒有時間做」，而是盡量在最短時間之內完成任務，即使是佔用自己的時間。所以，優秀的員工從來不會把事情放到最後去做，也不會說「現在很忙」之類的理由。他們總是採取積極的行動，迅速完成主管交代的工作，即使自己很忙，也不會置工作於不顧。

很多人之所以無法成功，就是因為他們把時間浪費在起點上。例如：「現在不想做」「過一段時間再說」，在這樣的想法上徘徊的時間太長，就會產生拖延的心理。很多事情沒有行動或是沒有結果的原因，就是在起點上耽誤的時間太長，滋生以後不想做或是不做的惰性。

加快執行速度，加大執行力度，對於自己的想法是最好的證明。

某公司的總經理坐在自己的辦公室苦思冥想，一臉疲憊。已經很晚了，其他同事已經下班回家，只有他還在思索：為什麼自己偉大的戰略最終會失敗？為什麼自己擁有行業中最出色的團隊還是會失敗？為什麼各種準備非常齊全卻無法成功？公司已經不會再信任我，我應該怎麼辦？

幾個星期以後，這位總經理被公司解雇。他在就職之初，由於具有很高的天分，被公司寄予厚望，他提出的計畫也被公司看好。然而，他最大的問題是：沒有確實執行自己的計畫。他不是一個優秀的執行者，最終只好黯然離開。

無論計畫多麼周密詳盡，只能佔到成功的一部分，關鍵在於執行。工作是否確實，優秀的團隊是否在執行者的指揮下發揮作用，都是檢驗執行力度的標準。

要事第一，條理清晰

每天都有許多事情要做。怎麼辦，如何給它們安排順序？成功人士一定知道，先做最重要的事情。

美國伯利恆鋼鐵公司還是默默無聞的時候，創辦人查理斯．舒瓦伯曾經向效率專家艾維．利請教，怎樣才可以有效率地執行計畫。

艾維．利遞給他一張紙，並且對他說：「寫下你明天必須做的最重要的各項工作，並且按照重要性的次序加以排列。明天早上，你走進辦公室以後，先從最重要的工作開始做，並且持續做下去，直到完成這個工作為止。重新檢查自己的做事次序，然後著手進行第二個工作。如果任何一個工作花費自己整天的時間，也不用擔心。只要這個工作是最重要的，就堅持做下去。假如按照這種方法，你無法完成全部的重要工作，即使運用其他方法，你也無法完成它們，如果不藉助於某件事情的優先次序，你可能不知道什麼工作最重要。將上述的一切變成你每天的習慣，這個建議對你生效的時候，讓你的部屬採用這個建議。這個試驗，你想要做多久就做多久，然後寄支票給我，你認為價值多少錢就給我多少錢。」

一個月以後，查理斯．舒瓦伯寄了一張兩萬五千美元的支票給艾維．利，並且附上一封信，感謝他提供給自己的建議。五年之後，這個不為人知的鋼鐵公司一躍成為世界上最大的鋼鐵公司之一。

也許我們確實很有能力，可以完成主管分配的工作，但是我們不可能一輩子聽命於人。如果讓我們獨自完成一項工作，在紛繁複雜的事務中，我們可以理出頭緒嗎？這就是考驗我們的時刻。**商界大亨亨利．杜哈蒂曾經說：「我只做一件事情，思考和安排工作的輕重緩急，其餘的可以雇人來做。」**善於從許多事情中找出大事，從大事中掌握最重要的事情，是我們應該學習的課程。人生也是這樣，我們總是有很多事情要做，也會有無法完成的事情，要選擇對自己最重要的事情，然後努力完成它們。

事情可以分為很多類別，一定要學會區分重要的事情和緊急的事情。

有一些事情很重要但是不緊急，例如：那些關於「堅持學習、提升能力、鍛鍊身體」的計畫，它們看起來可能不急迫，但是它們是我們人生中的主要事件，因為它們可以讓我們的人生更成功。之前已經說過，要量化自己每天的工作。對於這些事情更需要如此，規定每天需要完成的部分，然後堅持不懈地完成，不要因為這些事情並非迫在眉睫而避重就輕。真正有效率的人，總是急所當急並且防患於未然。

此外，有一些事情很緊急但是不重要，例如：接電話、回覆郵件、查找那些不知道被我們放在何處的文件，在這些事情上花費的時間是可以避免的。學會適當處理不重要但是緊急的事情，會給自己留出更多時間去處理真正重要的事情。

還有一些事情根本不需要做，不要以為它們很重要。一位幾乎每天參加飯局和宴會的總經理說，在分析之後，他發現至少有三分之一的宴會不需要自己出席。有時候，他甚至覺得有些哭笑不得，因為邀請者不希望他出席，他們發來邀請只是出於禮貌，如果他真的接受邀請，反而會讓他們感到手足無措。對於自己而言，分析一件事情是不是重要，本身就是一件重要的事情，千萬不可以忽視。

時間在飛翔，我們就是駕駛員，可以駕馭它，把自己每分每秒的時間用在做最重要的事情上。

不知道做什麼的時候，就讓自己安靜下來

一個人要前行，就會遇到許多未知的事情，也有很多難以預料的困擾。雖然對於複雜的事情，應該快刀斬亂麻地處理，但是很多時候不妨讓自己安靜下來，再思考一下，或許可以找到最好的方法。

學會心懷坦蕩地為人處世

悠悠歲月，世事紛擾。芸芸眾生中，每個人都有痛苦、困惑、煩惱、委屈的時候。如何抱持平淡心態去看待和解決這些傷神之事，與自己的品格、涵養、智慧、處理問題的能力有很大的關係。

有一位叫白隱的禪師，是一位生活純淨的修行者，因此受到鄉里居民的稱頌，認為他是一位可敬的聖者。在白隱的住處附近住著一對夫婦，他們有一個漂亮的女兒。有一天，他們發現女兒已經有身孕，

勃然大怒地逼問女兒，那個可惡的男人是誰？女兒吞吞吐吐說出「白隱」兩字。他們怒不可遏地去找白隱理論，但是這位禪師不置可否，只是若無其事地回答：「就是這樣嗎？」

孩子生下來以後，就被送給白隱。此時，雖然他的名譽已經掃地，但是他不以為然，只是細心地照顧孩子。平時難免遭受別人的冷嘲熱諷，但是他泰然處之，彷彿自己是受託撫養別人的孩子。

後來，孩子的母親覺得羞愧，老實向父母吐露實情：孩子的父親是一個在魚市工作的年輕人。她的父母立刻帶她到白隱那裡，向他道歉，並且祈求得到他的寬恕。白隱沒有趁機教訓他們，還是說著那句話：「就是這樣嗎？」彷彿沒有發生任何事情。白隱超乎「忍辱」的德行，贏得更多的稱頌。

白隱泰然自若、淡然處之的氣度，不僅表現他的品格和修養，而且蘊含一種無限的智慧。使恆久的忍耐化為無形的堅毅，白隱的寬容也是一種高深的智慧。

在生命流逝的過程中，衝突和誤解幾乎無所不在，朋友之間、同事之間、親人之間都需要我們心平氣和的寬容。如果沒有寬容，如果不能寬容，而是帶著埋怨和憤恨投入到工作和生活中，不僅會使工作無法得到進展，生活也不會和諧快樂。藺相如接受廉頗的「負荊請罪」，唐太宗接納魏徵的勸諫、劉備的「三顧茅廬」……他們的坦蕩胸襟也是一種智慧。

學會心懷坦蕩地為人處世，可以使我們受益一生。

心平氣和，才會圓滿

一位紳士過獨木橋，剛走幾步就遇到一個孕婦。紳士禮貌地轉身回到橋頭，讓孕婦過橋。孕婦過橋以後，紳士又走上橋。走到橋中央，遇到一個樵夫，紳士又回到橋頭，讓樵夫過橋。後來，紳士不貿然上橋，而是等到橋上的人過橋以後，自己才上橋。

眼看就要到橋頭了，迎面走來一個推車的農夫。這次，紳士不甘心回頭，摘下帽子，向農夫致意：「先生，我就要到橋頭了，可以讓我先過去嗎？」農夫瞪著他說：「你沒有看見我推車趕集嗎？」話不投機，兩人爭執起來。這個時候，河面漂來一葉小舟，舟上坐著一個和尚。和尚剛到橋下，兩人立刻請和尚為他們評理。

和尚雙手合十，看了農夫一眼，問他：「你真的很急嗎？」農夫回答：「我真的很急。」和尚說：「你既然急著去趕集，為什麼不讓路給紳士？你只要退幾步，紳士就可以過去。紳士過去以後，你不是可以過橋嗎？」

農夫一言不發，和尚笑著問紳士：「你為什麼要農夫讓路給你？因為你快到橋頭了嗎？」

紳士回答：「在此之前，我已經讓路給很多人，如果繼續讓路給農夫，就無法過橋。」

「你現在是不是過去了？」和尚又問，「既然你已經讓路給很多人，再讓路給農夫，即使無法過橋，也可以保持自己的風度，何樂而不為？」紳士滿臉漲得通紅。

確實如此，雙方只要心平氣和地忍讓，任何事情都不會發生。

古人與人為善、修身立德的教誨警示世人：一個人性格豁達，才可以縱橫馳騁，如果糾纏於無謂之爭，不僅有失儒雅，反而會鬱鬱寡歡。只有對世事心平氣和，才可以契機應緣、和諧圓滿。

淡定人生，需要清理心靈垃圾

英國詩人威廉・費德說：「舒暢的心情是自己給予的，不要天真地奢望別人的賞賜。舒暢的心情是自己創造的，不要可憐地乞求別人的施捨。」

神秀曾經作偈：「身是菩提樹，心如明鏡台，時時勤拂拭，勿使惹塵埃。」心如明鏡，纖毫畢現，洞若觀火，身就是「菩提」。前提是「時時勤拂拭」，否則塵埃厚厚，似繭封裹，心就不會澄碧，眼就不會明亮。

古代的聖者認為：「無欲之謂聖，寡欲之謂賢，多欲之謂凡，徇欲之謂狂。」聖人之所以為聖人，就在於心靈純淨和一塵不染；凡人之所以是凡人，就在於心中雜念太多，自己卻蒙昧不知。所以，聖人領悟生死，看透名利，繼而清除心中的雜質，讓自己純淨的心靈重新顯現。

我們的一生，就像一趟旅行，沿途中有數不盡的坎坷泥濘，也有看不完的春花秋月。如果我們的心靈總是被灰暗的風塵覆蓋，乾涸心泉、黯淡目光、失去生機、喪失鬥志，我們的人生軌跡不可能美好。如果我們可以「時時勤拂拭」，勤於清掃自己的心靈，勤於撣淨自己的靈魂，就可以有「山重水複疑無路，柳暗花明又一村」的時刻。

清空心靈，寧靜平和

可以處變不驚的寧靜，需要一番歷練才可以擁有，也是一個人成熟的象徵。

老街上有一個鐵匠鋪，鋪子裡住著一位老鐵匠。由於沒有人再需要打鐵製的器具，現在他改賣鐵鍋和斧頭，以及拴小狗的鏈子。他的經營方式非常古老和傳統，人坐在門內，貨物擺在門外，不吆喝，不喊價，晚上也不收攤。無論什麼時候從這裡經過，人們都會看到他躺在竹椅上，身旁放著一把紫砂壺。

老鐵匠的生意也沒有好壞之分，每天的收入足夠他喝茶和吃飯。他老了，已經不再需要多餘的東西，因此他非常滿足。

一天，一個文物商人從老街經過，偶然看到老鐵匠身旁的那把紫砂壺。因為那把壺古樸雅致、紫黑如墨，有清代製壺名家戴振公的風格。於是，他走過去拿起那把壺，看見壺上有一記印章，果然是戴振公的！商人驚喜不已。

商人想要以十萬元的價格買下來，他說出這個數字的時候，老鐵匠先是一驚，然後立刻拒絕。因為這把壺是他爺爺留下來的，他們祖孫三代打鐵的時候，都是喝這把壺裡的水，他們的汗也是來自這把壺。

商人走後，老鐵匠有生以來第一次失眠。他用了這把壺六十年，並且以為它是一把普通的壺。現在竟然有人要以十萬元的價格買下它，他百思不得其解。

過去，他躺在椅子上喝茶，都是閉著眼睛把茶壺放在桌子上。現在，他都要坐起來再看一眼，讓他非常不舒服。特別讓他無法忍受的是，人們知道他有一把價值不菲的茶壺以後，有些人問他還有沒有其他的寶貝，有些人甚至開始向他借錢，更有甚者，晚上推他的門。

他的生活被徹底打亂。

老鐵匠再也坐不住了。他招來左右店鋪的人和前後鄰居，然後拿起一把斧頭，當眾把那把紫砂壺砸個粉碎。

現在，老鐵匠還在賣鐵鍋和斧頭，以及拴小狗的鏈子。

老鐵匠憤怒地砸爛茶壺，只想得到一片屬於自己的寧靜。

我們真正領略生活的豐富與美好，讓身心平直地立在生活的急流中，不因貪圖而傾斜，不因喜樂而忘形，不因危難而逃避，我們就可以理解寧靜。於是，寧靜不再是寧靜，它成為一首詩，成為一道風景，成為一曲美妙的音樂，成為享受。

停下腳步，等待沉澱

古時候，人們曾經用驢子推磨，但是為了避免牠懶惰不肯用力，就會把牠的眼睛蒙起來，讓牠看不見東西，再將花生醬抹在牠的鼻子上，驢子聞到香味，以為前面有好吃的食物，就會拼命往前衝。

在生活中，人們經常在追逐許多事物，最後都是白忙一場，跟驢子又有什麼兩樣？

所以，在我們的生活中，就有「等」的期待，「等」可以使心情變得美好！下雨的時候，我們等待太陽出來；陽光透出雲際的同時，我們等到彩虹。如果彩虹隨時掛在天上，我們還會覺得它是那樣的美麗嗎？

因為有等待，才會讓我們在獲得的時候，感到更強烈的興奮和感激。不要再為等待的漫長而感到焦慮，讓自己的心情逐漸平靜，用平和的心境感受等待和希望的美妙。

不糾結於錯誤，不迷茫於過去

每個人都是活在當下，可以有後悔情緒，但是過於自責，會把自己停留在悲傷之中。要是我們無法得到自己想要的東西，最好不要讓憂慮和悔恨來苦惱自己的生活。讓我們原諒自己，學得更豁達一些。

不為後悔而糾結

在生活中，經常出現令人後悔的事情。我們的遺憾與後悔彷彿是與生俱來，就像苦難伴隨生命一樣，遺憾與後悔也與生命同在。

我們想要讓自己做的每件事情都是正確的，進而達到自己預期的目的，這只是一種美好的幻想。沒有人不會做錯事情，做錯事情之後，產生後悔情緒很正常，這是一種自我反省。正是因為有這種「積極的後悔」，我們才可以在人生道路上走得更好。

但是，如果我們被後悔情緒糾纏，或羞愧萬分，一蹶不振；或自慚形穢，自暴自棄，這種做法就是蠢人之舉。

古希臘詩人荷馬曾經說：「過去的事情已經過去，過去的事情無法挽回。」確實，無論昨日的陽光再美，也無法移到今日的畫冊。我們為什麼不把握現在，珍惜此時此刻的擁有？為什麼要把時間浪費在對過去的悔恨中？

美國一位教師曾經用具體的事例來教育學生擺脫徒然無益的悔恨。

在課堂上，她將一個裝滿牛奶的瓶子朝地上摔去，瓶子破碎了，牛奶流了滿地。她告訴學生：「你們可能對這瓶牛奶感到惋惜，可是這種惋惜已經無法使這瓶牛奶恢復原樣。因此，在你們今後的生活中，如果發生無可挽回的事情，請記住這個摔破的牛奶瓶。」

後悔無法改變現實，只會減少未來的美好，給未來的生活增添陰影。讓我們記住卡內基的話：「要是我們無法得到自己想要的東西，最好不要讓憂慮和悔恨來苦惱自己的生活。讓我們原諒自己，學得更豁達一些。」

忘記過去是一件十分痛苦的事情，但是事實上，過去的畢竟已經過去，過去的不會再發生，我們無法讓時間倒轉。無論何時，只要因為過去發生的事情而損害目前存在的意義，就是在無意義地損害自己。超越過去的第一步，就是不要留戀過去，不要讓過去損害現在，包括改變對現在抱持的態度。

冷靜分析，謹防猜疑

在生活中，我們經常會遇到一些猜疑心很重的人，他們總是覺得別人在背後說自己的壞話。喜歡猜疑的人，特別注意別人對自己的態度，別人脫口而出的一句話，他們經常琢磨半天，試圖發現其中的含義。

猜疑會嚴重影響人際關係，不僅讓自己感到苦惱，也會讓別人難以理解和接受。

猜疑是人際關係的敵人，它會破壞朋友之間的友誼，疏遠同事之間的關係，無端挑起衝突和糾紛，也會影響自己的情緒。生活在猜疑中的人總是鬱鬱寡歡，缺少內心的寧靜。

猜疑就像一條無形的繩索，捆綁我們的思路。如果猜疑心過重，就會感到憂愁煩惱，無法與別人交流，變得孤獨寂寞，危害身心健康，因此必須加以改變。

英國思想家培根說：「猜疑之心如蝙蝠，它總是在黃昏中起飛。這種心情是迷惑人們的，又是亂人心智的。它會使人們陷入迷惘，混淆敵友，進而破壞人們的事業。」因此，消除猜疑之心是保持心理健康的方法之一。

喜歡猜疑的人，必須開闊自己的心胸，加強自身的修養，培養開朗而豁達的性格。對於一些小事，不要過分計較，不要在意別人的態度與說法。理智而冷靜地對待猜疑，就是我們應該保持的正常心態。

如果產生猜疑，不要意氣用事，必須冷靜分析。產生猜疑的時候，容易被封閉性思路支配。這個時候，需要冷靜和克制。多設想幾個方案，只要有一個方案突破封閉性思路的循環，就可以喚醒自己的理智。

承認事實，是一種堅強

有一朵看似弱不禁風的小花，生長在一棵高聳的大樹下。小花非常慶幸大樹為自己遮風擋雨，自己可以高枕無憂。

有一天，突然來了一群伐木工人，兩三下的功夫，就把大樹鋸下來。小花非常傷心，哭著說：「天啊，我失去所有的保護，囂張的狂風會把我吹倒，滂沱的大雨會把我打倒。」

遠處的一棵樹安慰它：「不要這麼想！沒有大樹的阻擋，陽光會照耀你，甘霖會滋潤你。人們可以看到你，並且稱讚你，這朵小花真是美麗！」

事實上，在許多豁達者的眼中，任何一種失去都會產生一種機會。失去一些以為可以長久依靠的東西，一定會難過，但是其中卻隱藏許多機會。失去的時候，要向前看，永遠向前看——黑夜過了，就是黎明。

已經發生的事情無法改變，不如做一些彌補的動作以後立刻轉向，不要讓這些事情在情緒的波紋中，擴大它們的陰影。

忘記煩惱，開心愉快

莊子說：「養志者忘形。」想要修身養性，就要忘記自己形體的存在，這樣一來，就不會感到懼怕。即使自己罹患疾病，也可以泰然處之，鎮定自若，不焦慮，不消極，最後戰勝疾病。境遇不佳的人，忘記自己的煩惱，就可以擺脫消極心態，獲得光明的前景。

愛默生經常以一種美妙的方式，為自己一天的生活做總結。他經常說：「你已經做完自己可以做的事情。你昨天一定做過一些愚蠢荒唐的事情，應該把那些事情全部忘記。明天是嶄新的一天，明天要好好地開始，要使自己的精神昂揚振奮，才不會讓過去的錯誤成為未來的累贅。」他深刻瞭解，一個人不應該以悔恨心情來結束一天。

對於一些沒有意義的事情，我們應該立刻忘記，不要放在心上，以免傷害自己。有時候，我們陷入情緒的糾纏中，不是事情讓我們煩惱，而是我們過於計較。

堅持自己，放棄模範

有一個女孩，出身平凡，天生擁有非常動聽的聲音，確實有成為歌星的潛能，可惜嘴巴長得不好看：她的嘴巴很大，又有暴牙。

她第一次在美國紐澤西州的一家歌廳表演的時候，為了讓自己看起來比較優雅，一直企圖用嘴唇遮住暴牙。這樣做使她無法發揮自己的歌藝，也使別人很快地看出，她正在遮掩自己的缺陷。

當天晚上，有一個人告訴她：「我知道你覺得暴牙很難看，所以故意要掩飾自己的牙齒。其實，你越是掩飾它，人們越會注意它，如果你不在意，張開嘴巴來唱歌，人們不會在意你的牙齒，只會聽到你美妙的聲音！」

這個女孩雖然覺得難堪，還是接受那個人的忠告，勇敢地張開嘴巴，唱出自己最完美的聲音。後來，這個女孩成為一個家喻戶曉的歌手，她的暴牙也成為自己醒目的象徵，別人無法模仿那種韻味！

「討好別人」的原則，經常和「做自己」相互衝突。但是在這個個性化的時代，一個毫無個性的人不可能脫穎而出。如果想要成為一隻捕捉人們聽覺的雲雀，就不能和所有的麻雀發出同樣的叫聲。

討好別人，會使我們無法找到自己生命的真正指標。著名的心理學家榮格曾經如此分析：「我的病人之中，有三分之一以上在醫學上找不到任何病因，他們只是無法找到自己生命的意義，拼命自憐而已。」

在一次座談會上，一位教授拿著一張二十美元的鈔票，然後問：「誰要這張鈔票？」一隻手舉起來。他接著說：「我準備把這張鈔票送給你們之中的一位，但是在此之前，請允許我做一件事情。」他把鈔票揉成一團，然後問：「誰還要這張鈔票？」仍然有人舉手。他又說：「假如我這樣做，又會怎麼樣？」他把鈔票扔到地上，並且用腳踩它。然後，他撿起鈔票，鈔票已經變得又髒又皺。「誰還要這張鈔票？」還是有人舉手。

「無論我如何對待那張鈔票，你們還是想要它，因為它沒有貶值，還是價值二十美元。在人生道路上，我們經常會被困境擊倒和欺凌，甚至碾得粉身碎骨，覺得自己似乎一文不值。但是無論發生什麼，或是將要發生什麼，在上帝的眼中，我們永遠不會失去價值。在他看來，我們始終是無價之寶。生命的價值，不是依靠我們的行為，也不是依靠我們結交的人物，而是取決於我們自己！我們是獨特的——永遠不要忘記！」

只要你是最好的，所有美好的事物就會向你聚集。喬丹打籃球成為世界頂尖籃球明星，不僅一年收入幾千萬美金，而且有人找他拍電影和廣告，還有人找他出書。他的運動鞋需要自己買嗎？不用，耐吉公司會提供；他的西裝需要自己買嗎？也不用，別人不僅免費提供還要付他廣告費，甚至香水廠商還會用他的名字與肖像生產香水。喬丹什麼事情都不用做，只要提供名字與肖像，別人就會送他三〇%的股份。為什麼？因為他是世界上最偉大的籃球明星。

每個人都有自己的特質，只是很多人無法發現自己的特質。堅守自己的信念，別人可以默默無聞到有所成就，我們其實也可以。

第7章

一切都是最好的安排

不要多想，一切都是最好的安排

世事洞明皆學問，遭遇困境和挫折以後，接受自己難以接受的東西，我們會明白：原來，這一切是最好的安排。

凡事往好的結果去想

我們經常有這樣的感覺：在心煩氣躁的狀態下，做事就會錯誤百出，越是心急越是想不出辦法，結果事情就會變得更糟糕，心情也會變得更鬱悶。但是如果保持熱情，以積極心態看待問題，做事的時候就會得心應手。可見，結果的好壞以及做事的成敗，除了與自己的能力和智力有關，與自己的心態也有極為密切的關係。

拿破崙．希爾曾經說：「人與人之間只有微小的差異，但是這種微小的差異卻造成巨大的差異！微小的差異就是具有的心態是積極的還是消極的，巨大的差異就是成功和失敗。」

具有積極心態的人，可以在逆境中求得發展，用積極心態去激勵自己。凡是可以構想和相信的東西，就可以用積極心態去得到它們。可以說，積極心態是一切成功的起點。

做事的時候，如果保持積極心態，就可以獲得許多力量。因為積極心態可以產生自我暗示，可以讓自己產生立刻行動的激情，而且這種心態可以影響其他人。

傑克是美國一家餐廳的經理，他總是保持非常好的心情。別人詢問他近況如何的時候，他總是有好消息告訴對方。

每次傑克換工作的時候，都會有許多服務生跟著他從這家餐廳換到另一家。因為傑克是一個天生的激勵者，他總是有辦法開導員工們發現生活中最美好的方面。

有人問他：「很少有人可以一直保持積極樂觀的心情，你是怎麼做到的？」

傑克回答：「每天早上起床以後，我都會告訴自己，今天有兩種選擇，可以選擇好心情，也可以選擇壞心情，我總是選擇前者。這一天發生不好的事情，我也有兩種選擇，從中學習和吸取經驗，或是做一個受害者和抱怨鬼，我仍然選擇前者。有人跑來跟我抱怨，我仍然有兩種選擇，為他指出生命的光明面，或是陪他一起抱怨，我還是選擇前者。」

「不是每件事情都是這麼容易啊！」那個人說。

「確實如此，」傑克說，「生命就是許多選擇，每個狀況都是一個選擇，你選擇如何面對，你選擇人們如何影響自己的心情，你選擇處於好心情或是壞心情，你選擇如何過自己的生活。」

為自己工作

我們在為誰工作，為什麼工作？這是關於工作意義和人生價值的問題，每個人都必須回答，不能也不容逃避。

答案可能形形色色，五花八門，但是從根本上說，我們是在為自己工作，為自己的幸福工作。

吉米是一個鐵路工人。一天，從一列火車上走下來一個人，對著吉米大喊：「吉米，是你嗎？」吉米抬頭說：「是我，麥可，很高興見到你。」於是，吉米和麥可（吉米工作的這條鐵路的總裁）進行愉快的交談。

半個小時以後，麥可離開了。吉米的同事全部圍上來，他們對於吉米是鐵路公司總裁的朋友感到十分震驚。

吉米告訴他們，十多年以前，自己和麥可是在同一天開始為這條鐵路工作。有一個同事問：「為什麼你現在還在這裡工作，但是麥可卻成為總裁？」吉米憂傷地說：「我每天都在為薪水工作，麥可從開始就立志為這條鐵路工作。」

吉米的話，具體說出造成巨大差異的深層原因：為薪水而工作與為事業而工作，其結果是截然不同的。

工作是生存的需要，生命的價值寓於工作之中。工作是獲得成功和快樂的需要，只有努力工作，才可以獲得成功和快樂。

很多商業界的名人，開始工作的時候收入不是很高，但是他們依然努力工作。在他們看來，自己缺少的不是金錢，而是能力、經驗、機會。最後，他們獲得事業成功的時候，有誰可以算出他們的真正收入是多少？正所謂：不計報酬，報酬更多。

記者克拉克受命去採訪石油大王哈默，他非常珍惜這次採訪機會，為此做出精心準備。那天，他發揮得很出色，採訪大獲成功。採訪結束以後，哈默笑著問克拉克：「小夥子，你的月薪是多少？」

「薪水很低，只有一千美元。」克拉克羞澀地回答。

「很好！雖然你現在的薪水只有一千美元，但是你知道嗎，你的薪水永遠不止這個數字。」哈默微笑地對他說。

克拉克聽了以後，非常疑惑。哈默接著說：「年輕人，你要知道，你今天有採訪我的機會，明天也有採訪別人的機會，把錢存進銀行是會生利息的。如果你可以累積這個方面的經驗，你的經驗就會在社會的銀行裡生利息，將來它會連本帶利地還給你。」

哈默的一番話，使得克拉克茅塞頓開。幾年之後，克拉克就成為報社的社長。

工作的價值不只是薪水，因為它只是工作最直接和最低級的報酬方式。只為薪水而工作，是一種短視近利的行為，受害最深的不是別人，而是自己。我們要知道，金錢只是埋藏在精神下的物質因素，它和發展機會的多少以及自我實現的機率構成衡量薪水高低的標準。

因此，我們工作的時候，就要告訴自己：為自己的現在和將來努力工作，無論自己得到的薪水有多少。關注能力和經驗的累積，比關注薪水的多少更重要，因為它們是可以創造資產的資產，它們的價值永遠超過我們現在累積的貨幣資產。

看淡結果，享受樂趣

從前，山中有一座廟，廟裡沒有石磨。因此，廟裡每天都要派和尚挑豆子到山下農莊去磨。

一天，有一個小和尚被派去磨豆子。在離開之前，廚房的大和尚交給他一擔豆子，並且嚴厲警告：

「千萬要小心，廟裡最近收入很不理想，路上絕對不可以把豆漿灑出來。」

小和尚答應以後，就下山磨豆子。在回來的路上，他想起大和尚凶惡的表情和嚴厲的警告，越想越覺得緊張。他小心翼翼地挑著裝滿豆漿的桶子，一步一步地走在山路上，害怕有什麼閃失。

不幸的是，就在快到廚房的轉彎處，前面走來一位魯莽的施主，撞得前面那個桶子的豆漿灑出一大半。小和尚非常害怕，緊張得直冒冷汗。

大和尚看到小和尚挑回的豆漿，非常生氣，指著小和尚大罵：「你這個笨蛋！我不是說要小心嗎？浪費這麼多豆漿，去喝西北風啊！」

一個老和尚聽聞之後，立刻安撫大和尚的情緒，並且私下對小和尚說：「明天你再下山，觀察沿途的事物，回來寫一份報告給我，順便挑一擔豆子下山磨。」

小和尚害怕地說，自己連磨豆子都做不好，哪有可能要挑豆漿又要看風景，回來以後還要寫報告。

在老和尚的堅持下，第二天，小和尚只好勉強上路。在回來的路上，他發現山路旁的風景很漂亮，遠方可以看到雄偉的山峰，又有農夫在梯田上耕種。不久之後，又看到一群孩子在路邊的空地上玩得很開心，而且還有兩位老先生在下棋。這樣一邊走一邊看風景，不知不覺就回到廟裡。小和尚把豆漿交給大和尚的時候，發現兩個桶子都裝得滿滿的，桶子裡的豆漿一點都沒有灑出來。

與其在意自己的功名和利益，不如在努力學習和工作中，享受每個過程的快樂，並且從中學習成長。

只有真正懂得從生活中尋找樂趣，才不會覺得自己的日子充滿壓力和憂慮。人生是一個過程，不只是一個結果。

功到自然成，不急不躁

一個失意的年輕人，千里迢迢來到普濟寺，慕名尋到老僧釋圓，沮喪地對他說：「人生總是不如意，活著也是苟且，有什麼意思？」

釋圓耐心聽著年輕人的嘆息和絮叨，然後吩咐小和尚：「這位施主遠道而來，燒一壺溫水送過來吧！」

過了一會兒，小和尚送來一壺溫水。釋圓抓起茶葉放進杯子，然後用溫水沏了，放在茶几上，並且請年輕人喝茶。杯子冒出微微的水汽，茶葉安靜地浮著。年輕人不解地詢問：「寶剎怎麼用溫水泡茶？」

釋圓笑而不語。年輕人喝一口細品，不由得搖搖頭：「一點茶香都沒有。」

釋圓說：「這是閩地名茶鐵觀音啊！」

年輕人又端起杯子品嘗，然後肯定地說：「真的沒有一絲茶香。」

釋圓又吩咐小和尚：「再去燒一壺沸水送過來。」

又過了一會兒，小和尚提著一壺冒著濃濃水汽的沸水進來。釋圓起身，又取過一個杯子，放茶葉，倒沸水，再放在茶几上。年輕人俯首看去，茶葉在杯子裡上下沉浮，絲絲清香不絕如縷，望而生津。

年輕人欲去端杯，釋圓作勢擋開，又提起水壺注入一線沸水。茶葉翻騰得更厲害，一縷更醇厚更醉人的茶香裊裊升騰，在禪房瀰漫開來。釋圓這樣注了五次水，杯子終於滿了，綠色的一杯茶水，端在手上清香撲鼻，沁人心脾。

釋圓笑著問：「施主是否知道，同是鐵觀音，為什麼茶味迥異嗎？」

年輕人回答：「一杯用溫水，一杯用沸水，沖沏的水不同。」

釋圓點點頭，然後說：「用水不同，茶葉的沉浮就會不同。溫水沏茶，茶葉輕浮水上，怎麼會散發清香？沸水沏茶，反覆幾次，茶葉沉沉浮浮，釋放四季的風韻，既有春的幽靜和夏的熾熱，又有秋的豐盈和冬的清洌。世間芸芸眾生，也和沏茶是同一個道理。如果沏茶的水溫度不夠，不可能沏出散發誘人香味的茶水。自己的能力不足，很難處處得力而事事順心。想要擺脫失意，最有效的方法就是苦練內功，提高自己的能力。」

年輕人茅塞頓開，回去之後刻苦學習，虛心向別人求教，不久就引起主管的重視。

歷史上有所建樹的人，都是勤奮而努力的人。任何一項成就的取得，都是與勤奮和努力分不開的。

猶豫不決，是成功最危險的敵人

歌德曾經說：「猶豫不決的人，永遠無法找到最好的答案，因為機會就在猶豫的片刻消失。」每天都有許多人將自己辛苦得來的創意扼殺在搖籃裡，因為他們不夠果斷。但是沒過多久，這些被否定的創意會不斷出現在他們的腦海裡，陰魂不散的折磨他們。

一頭驢子在兩朵青草之間徘徊，想要吃一朵青草的時候，卻發現另一朵青草看起來更嫩。於是，牠在兩朵青草之間來回選擇，最後竟然沒有吃到一根青草，活活餓死了。

驢子餓死，是因為沒有青草嗎？不是，牠有足夠的青草可以讓自己吃飽，可是牠確實餓死了。這是因為，牠把全部精力浪費在考慮要吃哪一朵青草而實際卻沒有去吃。

面對一些難以取捨的問題，慎重考慮是必要的，但是不能猶豫不決，權衡利弊之後就要盡快決定。因為我們的精力和智慧是有限的，猶豫徘徊，患得患失，最後只會浪費生命。

我們遇見的都是有意義的

面臨挫折的時候，不妨多想想：我們遇見的都是有意義的。這個人這件事，會教導我們什麼，告訴我們什麼，不要把精力浪費在抱怨、失意、痛苦上。

放下失意，從頭再來

人生的航船，並非一帆風順，有風平浪靜，也有風吹浪打。風平浪靜的時候，不要喜形於色；風吹浪打的時候，不要悲觀失望。只有這樣，人生的航船才可以順利駛向成功的彼岸。

月有陰晴圓缺，人生也是如此。情場失意、朋友失和、親人反目、工作無趣……類似的事情總是不經意糾纏我們，此時我們的情緒可能已經跌至低谷。其實，生活中的低谷就像行走在馬路上遇到的紅燈，不妨把它看作是為了維持人生的某種秩序，利用這段時間來進行短暫休息。

古人說：「人生得意須盡歡」，人生失意的時候，也不能停下腳步，應該積極進取。條條大路通羅馬，此路不通，可以換一條路。身處逆境的時候，我們應該保持清醒的頭腦，認識自己的優點和缺點。看到自己的優點，可以讓心情歸於平靜，重新鼓起勇氣，走出低谷；看到自己的缺點，是一種進步，是一種智慧，更是一種超越。

美國總統林肯曾經有兩次經商失敗的經歷，但是他最終還是得到成功女神的青睞。試想，如果他在失敗的時候沒有及時醒悟，可能永遠無法獲得成功。

失意不可怕，只要及時醒悟，就可以踏上另一條通往成功的道路。只有學會善待失意，才可以走出人生的低谷，贏得屬於自己的勝利。

跨越艱難，微笑應對

艱難之於人生，是一杯外苦內甜的佳釀，飲時苦澀難耐，飲後蕩氣迴腸。因此，面對艱難的時候，我們不必驚慌失措，只要閉上眼睛，側耳聆聽，就可以聽到艱難闡釋生命的樂章。

仁慈的上帝經常看到一個農夫在虔誠祈禱。有一天，上帝被農夫的精神所感動，決定趁著到田地散步的機會，看看他到底發生什麼事情。沿著田地走過來，上帝看到麥子果實累累，感到非常開心。過了一會兒，上帝看見那個農夫。

農夫說：「仁慈的上帝，我每天都在祈禱，祈禱不要有風雨，不要有冰雹，不要有乾旱，不要有蟲害。可是無論我怎麼祈禱，總是無法如願以償。你是否可以接受我的請求，只要一年的時間，不要有風雨，不要有冰雹，不要有乾旱，不要有蟲害？」

上帝回答：「原來，你是為此而祈禱。我創造世界，也創造風雨，創造乾旱，創造蝗蟲和鳥雀。我創造的世界，是一個和諧的整體。如果你一定要這樣，好吧，明年一定如你所願。」

第二年，果然沒有風雨和冰雹，也沒有乾旱和蟲害，這個農夫的田地結出許多麥子，比平時多出好幾倍。可是，麥穗裡竟然是空癟的，沒有什麼果實。

農夫含著眼淚問上帝：「仁慈的上帝，這是怎麼回事，你是不是搞錯了什麼？」

上帝說：「我沒有搞錯什麼，因為你的麥子避開所有的艱難，對於一粒麥子來說，努力奮鬥是不可避免的。一些風雨是必要的，甚至蝗蟲也是必要的，經受某些必要的艱難，就可以突破困境，迎來果實累累。」

放下心靈重負，快樂淡定

鄉村有一對清貧的老夫婦，有一天，他們想要把家中唯一值錢的一匹馬拉到市場上換一些更有用的東西。老先生牽著馬去趕集，他先跟別人換得一頭母牛，又用母牛去換一隻羊，再用羊換來一隻肥鵝，又把肥鵝換了母雞，最後用母雞換了別人一袋爛蘋果。

在每次交換中，他都想要給妻子一個驚喜。

他扛著袋子來到一家旅館歇息的時候，遇到兩個英國人。閒聊中，他談到自己趕集的經過，兩個英國人聽得哈哈大笑，說他回去一定會被妻子罵。

老先生堅稱絕對不會，英國人就用一袋金幣打賭，於是他們一起跟老先生回到家中。

老婆婆看見丈夫回來了，非常高興，興奮地聽著丈夫講述趕集的經過。聽到丈夫講到用一種東西換了另一種東西的時候，她都會充滿對丈夫的欽佩。

她的嘴裡不時地說著：「哦，我們有牛奶了！」

「羊奶也同樣好喝。」

「哦，鵝毛多麼漂亮啊！」

「哦，我們有雞蛋吃了！」

最後，聽到丈夫背回一袋已經開始腐爛的蘋果，她同樣不慍不惱，大聲說：「我們今天晚上就可以吃到蘋果餡餅！」

結果，英國人輸掉一袋金幣。

從這個故事中，我們可以領悟到：不要為失去一匹馬而埋怨生活。既然有一袋爛蘋果，就做一些蘋果餡餅。這樣一來，生活才可以妙趣橫生。

事實上，生命有得到，就會有失去。放下失敗，抓住成功，就可以讓生命重放光彩。這一切，需要我們有一顆淡泊名利的心。我們的一生，就是得與失互相交織的一生。得中有失，失中有得，有所失才可以有所得。

心態好，一切都會好

心態是一個人真正的主人，要主宰自己的世界，先要主宰自己的心態。如果不能控制自己的心態，人生就會有許多不順。

忍辱負重又何妨

自尊心過重的人，性格內向，感情脆弱，心理承受能力差。這些人害怕當眾出醜，無法忍受別人的嘲弄，為了在群體中不顯得「另類」，就會硬撐面子以維護自尊。其實，適當地放下自尊，更容易讓自己融入到群體中，不會成為群體排斥的對象。

有時候，性格內向者的自尊會過於強烈和敏感，如果可以滿足其虛榮心，即使對其利益有所侵犯，他們也可以接受。但是如果出於好意卻言行不慎，使其面子受損，他們就會懷恨在心甚至反目成仇。

許多善於交際的人，在形勢對自己不利的時候，經常可以沉得住氣，拋開面子和身分，忍辱負重，以期東山再起。過分看重自尊的人，遇到這種情形的時候，不懂得忍辱負重的奧妙，經常會以自己的情緒來處理。這樣做，或許會「因禍得福」、「弄拙成巧」，但是不能忍辱負重，會對人際關係造成某種程度的不利影響。

生活中，經常會有許多委屈在發生，關鍵是：處理它們的態度。如果因為一句話而辭職，永遠沒有機會向別人展示自己。記住這些屈辱，但是不要被它們纏住。

如果不慎犯錯，最好的做法是調整心態，盡快承認和改正，並且從中吸取教訓，今後不再犯同樣錯誤。對待錯誤，必須積極面對，想盡辦法減少損失，只要處理適當，不會損害個人形象和尊嚴。**勇敢承認自身的錯誤和缺點，這是智者的心態，也是勇者的行為。**從現在開始，檢視自己身上的缺點！

犯錯不可怕，掩飾錯誤不可取

犯錯的時候想要掩飾是人之常情，每個人都會有這種心態，但是不要以「推卸責任是人性的弱點」

為藉口寬容自己。勇於承擔錯誤是成功的前提，即使錯誤微不足道，但是逃避的心態會讓自己心力交瘁，而且無法從錯誤中學習經驗而獲得成長。因此，不慎犯錯的最佳對策就是勇敢承認。

作為一個管理者，不掩飾自己錯誤的做法會產生示範的作用。一位任職於某銀行的業務主管說：「我希望自己的下屬有承認錯誤的勇氣。沒有人不會犯錯，包括我自己在內，我不會因為誰犯錯就改變對他的看法。我比較看重的是：一個人面對錯誤的態度。」

心平氣和好做事

讓自己放輕鬆，就是心平氣和地工作和生活，這種心境是充實自己的良好狀態。

我們應該承認，受到委屈的時候，經常需要釋放怨氣，選擇什麼方式來釋放，就顯得十分重要。例如：理智者會冷靜而從容地調整自己的心態；鹵莽者會因為衝動而莫名其妙地誤傷別人；愚蠢者會走向極端，甚至採取自殘形式。

有一個婦人，經常為一些瑣碎的小事而生氣。她知道自己這樣不好，就去拜訪一位高僧，為自己談禪說道，開闊心胸。

聽了她的講述，高僧一言不發，帶她到一間禪房中，落鎖而去。

婦人氣得跳腳大罵，罵了許久，高僧也不理會。婦人又開始哀求，高僧仍然置若罔聞。婦人終於沉默了。高僧來到門外，問她：「你還在生氣嗎？」

婦人說：「我只為自己生氣，我怎麼會到這個地方來受罪？」

「無法原諒自己的人，怎麼可能心如止水？」高僧拂袖而去。

過了一會兒，高僧又問她：「你還在生氣嗎？」

「不生氣了。」婦人說。

「為什麼？」

「就算生氣，也沒有辦法。」

「你的氣並未消逝，還在心裡，爆發以後會非常可怕。」高僧又離開了。

過了一會兒，高僧又來到門外，婦人告訴他：「我不生氣了，因為不值得生氣。」

「知道不值得，可見心中還是有氣。」高僧笑著說。

高僧的身影迎著夕陽立在門外的時候，婦人問：「大師，什麼是氣？」

高僧將手中的茶水傾灑於地。婦人視之良久，頓悟，叩謝而去。

不為小事生氣，就要開闊心胸，不要過於計較得失，不要為一些雞毛蒜皮的事情而發怒，以平靜之心對待人生。

第8章

修養心靈，祛除不良的想法

適時的冥想，為心靈減壓

冥想的時候，以自我暗示的方式讓自己的身體放鬆。放鬆一個部位以後，就幻想扔掉內心的不安和焦慮。

冥想其實不困難

身體放鬆，做五～十個深呼吸，讓自己沉浸在呼吸的感覺中。

吸氣的時候，盡量深長。

停頓一下，呼氣，將剛才吸入的空氣排出去。

做完這些，是不是覺得自己身體的每個毛孔都在吸收能量，身體變得輕鬆，信心增強？

冥想的時候，穿著也有講究，最好穿著鬆軟的衣褲，因為任何緊束的服飾都會讓自己在冥想的時候感到不適。

找一個不容易被打擾的地方。

休息之前，或是沒有人打擾的時候，讓自己的身體處於放鬆的狀態下。

坐直，不要躺下，否則容易睡著。挺直背脊，可以想像自己的頭被一根綁在天花板上的繩子吊著。不用盤腿，坐在椅子上也可以。如果要盤腿，找一個圓形軟墊。

如此靜坐十分鐘以後，身體不會再有緊繃的感覺。一段時間以後，就會明顯感覺到思維更清晰，分析能力提高。

初學者可以用五~十分鐘，如果有條件，再逐漸延長。以一個月為期，制定相應的計畫。

如果為自己的處境感到力不從心的時候，不妨運用冥想的方法，讓自己的內心變得強大，進而應付所有困難。

讓內心強大的冥想法

深呼吸一下，把注意力集中在自己身上。設定經過自己意識的空間，最好選擇比較靜謐的地方進行冥想，例如：某個高山之上，或是樹林之中，也可以是街頭散步。總之，要帶著愉快的心情，進入忘我的境界。

呼吸盡量綿長，體會每次呼吸帶來的強大感覺，感受自己的肌肉，體驗那種處於冥想中的身體。回想那些讓自己感到驕傲的事情，例如：領獎的時刻。感覺自己變得強大的狀態，讓自己的呼吸給身體帶來力量，感覺一切都在自己的掌握中。

繼續這種感受，同時回想自己獲得別人認同的感覺，以及被信任、欣賞、稱讚的時候。讓自己放鬆，完全沉浸在這種冥想中。

繼續冥想，自己戰勝困難，解出某道題目，克服某個困難，冥想那種感覺，然後感覺自己變得強大的感覺。

沉浸在自己強大的感覺中，並且讓這種感覺落實，就是覺得現實中自己也是強大的。保持這種感覺五～十分鐘，這樣的強大不是讓自己與別人爭鬥，而是讓自己的內心世界變得充盈，把麻煩和困難看作過眼雲煙。這樣一來，可以讓自己在現實中更有自信，進而真正變得強大。

在日常生活中，要記住這樣的感覺，無論有多麼困難，用這樣的感覺幫助自己，就會覺得所有事物都是美好的。

冥想讓自己變得專注

專注，是冥想帶來的好處。在這裡，特地解說專注冥想的訓練。

找一個舒服的姿勢，站、坐、躺都可以，讓自己放鬆，冥想氣息在身體中流動。沉浸在冥想中，把注意力集中在呼吸上。深吸一口氣，然後平緩呼出，一呼一吸，感覺身體已經放鬆。如果是站著，眼觀鼻、鼻觀心，盡量不要發出聲音，讓身體感覺呼吸。

讓自己處於一陣空明之中，自己就是宇宙的中心。專注呼出去的氣息，可以延長到群山峻嶺甚至銀河之外。

然後，專注到某個點上，讓自己想像一個地方，或是某個人，或是自己的某個優點，每次最好只專注一點。

體驗自己的每次呼吸，從開始到結束，用心體驗。想像有一個內我在守護自己，如果自己分心，就會提醒自己不能分心。讓所有雜念都被這個內我吸收，或是趕走。然後，只要專注自己的呼吸，專注自己的冥想。

讓自己在呼吸中感覺自己冥想的處境，不是自己的實際處境，例如：冥想高山，就會感覺到自己在高山上，那種俯瞰的感覺可以逐漸體驗。有這些感覺以後，就會覺得身心愉快，可以進一步激發自己，讓這些感覺停留在身上一段時間，然後用心感受。

這個時候，如果身體某個部位有反應，例如：疼、痲，試著忽略，不要讓這些感覺侵佔自己的意識。

然後，把身體作為一個單位去感覺，從內心到身體，自己都是強大的，讓這種感覺擴散在冥想空間中，甚至宇宙之中。放鬆自己，把身體作為一個收發器，體驗安寧和幸福的感覺。

這樣的冥想，可以增加自己的專注力，也可以補充自己的能量。

用冥想忘記傷心

選擇一個地點。冥想之前，可以喝一些茶，也可以點一枝香，然後調整呼吸，進入冥想階段。

首先，讓自己不要那麼激動，然後可以想像，現在自己遇到的事情，不是自己最悲慘的時刻。現在經濟和精神上已經有所損失，如果自己不冷靜面對，反而給自己壓力，不是讓自己雪上加霜嗎？

接著可以想像，如果自己處在對方的立場會怎麼做？即使有人背叛自己或是打擊自己，是不是他們有充分的理由。或許釐清思路以後，就會豁然開朗，立刻釋懷。

然後可以想像，如果是自己的錯誤，懊悔是無用的，只能以積極方法去彌補。不要在意別人的指責，拋開別人的看法，把自己的事情做好，這樣才是解決之道。

改變自己的心態，讓自己覺得一切都是美好的，一切都是最好的安排，感謝自己遇見的一切。

可以這樣激勵自己：這樣做是有道理的，每個人都喜歡我。

可以重覆這種想法，進入冥想階段以後，用感恩和喜樂的心反觀自己。這樣一來，我們就會愛上自己。因為我們愛自己，所以傷心的事情只是成長的插曲，我們會覺得這個世界充滿關愛和友善，自己的行為可以獲得別人的支持，自己的世界充滿幸福和安寧。

有時候，傷心無法避免，可以給自己一個准許傷心的時間，例如：一個小時，或是一分鐘。然後，用冥想的方式告訴自己，這段時間過了以後，就不會有傷心的事情。

堅持一段時間以後，我們就會越來越樂觀，對生活和未來充滿憧憬和希望。

修養心靈，祛除不良的想法

人生不如意之事，十有八九。面對挫折和苦難的時候，如果可以內心澄清，坦然面對，就會有更多歡樂。

修養心靈，讓自己多一分淡定

有一個長髮公主，名字叫做雷凡莎，她的頭上有很長的金髮，長得很漂亮。她自幼被囚禁在古堡的塔裡，和她住在一起的巫婆每天說她長得很醜。

某日，一位年輕英俊的王子從塔下經過，被雷凡莎的美貌驚呆了。從此以後，他每天都會到這裡。雷凡莎從王子的眼睛裡發現自己的美麗，也從王子的眼睛裡發現自己的自由和未來。有一天，她放下自己的長髮，讓王子攀著長髮爬上塔頂，把她從塔裡解救出來。

囚禁雷凡莎的不是別人，而是她自己。那個巫婆是她內心迷失自我的魔鬼，她聽信魔鬼的話，以為自己長得很醜，不願意見人，把自己囚禁在塔裡。

很多時候，我們就像這個公主一樣，被各種煩惱和欲望捆綁。因為自己心中的枷鎖，我們經常考慮別人怎麼想，把別人的想法套在自己的心裡，進而束縛自己的手腳，使自己停滯不前。因為自己心中的枷鎖，我們抹煞自己的創意，認為自己無法成功，然後向環境低頭，甚至怨天尤人。

在人生的海洋中，我們就像一隻游動的魚，可以自由自在地游動，尋找食物，欣賞海底世界的景致，享受生命的豐富情趣。突然有一天，我們遇到珊瑚礁，認為自己陷入絕境，不是非常可笑嗎？我們給自己建造心靈的監獄，然後鑽進去，坐以待斃。心靈的監獄，是殘害心靈的殺手，它在使心靈凋零的同時，又嚴重威脅自己的健康。

巴特先生面臨工作上的挫折，想要突破這個困境，卻覺得有心無力。於是，他決定找專家為自己進行諮商。

專家為他分析現狀以及挫折產生的原因，與他共同擬定未來的行動方案，協助他改變目前的困境。

然而，經過幾次的面談，巴特先生仍然在原地踏步，無論是分析現狀或是規劃未來，在諮商的過程中，他經常說的一句話是：「我知道……但是……」

我知道應該努力走出一條屬於自己的道路，但是擔心自己的能力不夠！
我知道自己想要從事和藝術有關的工作，但是家人期望我成為工程師。
我知道應該多運動，但是工作實在太忙了，忙得沒有時間。
我知道要改掉自己的脾氣，但是個性不容易改變。

雖然是一句經常被掛在嘴邊的話，但是我們成為「巴特族」的一員（因為經常說「but」）而說出這樣的話，表示自己的思考模式已經朝向限制性的想法。限制性的想法，就像一個無形的牢籠，使自己動彈不得。

一位弟子來到禪師面前，請求師父教導自己解脫。
禪師問：「是誰綁了你？」
弟子看著自己身上，困惑地說：「沒有人綁我！」
禪師笑著回答：「既然沒有人綁你，為何要求解脫？」

在日常生活中，我們經常被一些習慣性的想法限制，例如：

從來沒有人這樣做，還是不要冒險吧！
以目前的狀況，絕對不可能完成。
如果這樣做，別人會怎麼想？
這怎麼可能做得到？別傻了！
我看不出有什麼可能性，不可能會成功。
我的學歷（財力、人力……）不足，還是不要妄想。
心靈的力量很強大，尤其是限制性或是負面思考，形成自己的內心對話，進而阻礙自己獲得成功。

用一棵「煩惱樹」忘記所有煩惱

有一個農場主人，雇用一個工人來安裝水管。這個工人的運氣很糟，第一天，因為車子爆胎，耽誤一個小時，然後電鑽壞了。最後，開來的那輛貨車故障了。收工以後，農場主人開車送他回家。到了家前，他邀請農場主人進去休息。在門口，滿臉晦氣的工人沒有立刻進去，沉默一陣子，然後伸出雙手，撫摸門旁一棵小樹的枝椏。

門打開以後，他笑顏逐開，和兩個孩子緊緊擁抱，再給迎上來的妻子一個吻。在家裡，他喜氣洋洋地招待農場主人。農場主人離開的時候，工人陪他向車子走去。農場主人按捺不住好奇心，問：「剛才你在門口的動作，有什麼用意嗎？」

工人爽快地回答：「有，這是我的『煩惱樹』。我在外面工作，總是有許多煩惱。可是煩惱不能帶進門，因為家裡有妻子和孩子。於是，我把它們掛在樹上，明天出門再拿走。奇怪的是，第二天我到這棵樹前面，煩惱都不見了。」

栽上一棵「煩惱樹」，我們苦惱的時候，可以向它傾訴；我們憤怒的時候，可以向它發洩。「煩惱樹」是傾聽的耳朵，可以體會我們的痛苦；「煩惱樹」是親暱的擁抱，可以撫慰我們的心靈……

美國前總統林肯「永遠不寄出的信件」，被認為是消除煩惱和怨氣的良方。

有一次，林肯的一位朋友向他訴說另一位朋友的無理。

林肯聽了以後，對他說：「你立刻寫信去罵他，以後不要與他來往。」

信寫好以後，卻被林肯撕掉了。他笑著說：「我寫過很多這樣的信，但是從來沒有寄出去，我們可以盡情傾訴心中的憤怒，但是沒有理由去傷害別人。」

這位朋友透過寫信，煩惱和怒氣已經消除大半，聽了林肯的話，更是感嘆不已。

煩惱是心靈的垃圾，是成功的障礙，是生活的病毒。為了美好的明天，為了給心靈一片晴朗的天空，栽上一棵「煩惱樹」！

和心靈對話，把煩惱拋掉

有人問古希臘哲學家安提西尼：「你從哲學中獲得什麼？」

安提西尼回答：「與自己對話的能力。」

與自己對話，就是發現自己，發現另一個更真實的自己。

法國作家雨果曾經說：「人生是由許多無聊的符號組成。」確實，我們生活中的大多數時光都在普通的日子裡度過，有時候看似正常的生活，感覺上卻像走進生活的陷阱：有些渾噩，有些疲憊，有些茫然，有些怨恨，有些期盼，有些幻想。於是，我們希望有一個瞭解自己的人，傾聽自己心靈的訴說，為自己開闢心靈的淨土。可是芸芸眾生，「欲將心事付瑤琴，知音少，弦斷有誰聽？」

其實，我們就是自己最好的知音！還有誰比自己更瞭解自己？我們煩躁或是無聊的時候，可以和自己對話，讓心靈退入自己的靈魂中，使自己與自己親密接觸，傾聽心靈的聲音，然後問自己：為何煩惱？為何不愉快？滿意這樣的生活嗎？待人處世是否有錯誤？是不是還要追求工作上的成就？喜歡自己現在這個樣子嗎？生命如果這樣結束，會不會有遺憾？是不是讓生活壓垮和埋沒？人生至此，得到什麼，失去什麼，想要追求什麼……

在自己的世界中，我們可以修復自己受傷的尊嚴，可以赤裸裸地剖析自己，可以說服自己、感動自己、征服自己。有一位作家說得很有道理：「自己說服自己，是一種理智的勝利；自己感動自己，是一種心靈的昇華；自己征服自己，是一種人生的成熟。」說服、感動、征服自己以後，還有什麼挫折和痛苦，我們無法征服？

開闊而清靜的心靈空間，是美好生活的一部分。

每個人的心中，都有一個心靈的避風港。在人生的旅途中走得疲倦的時候，可以走進自己建造的心靈小屋，安靜下來，把所有煩惱暫時拋到九霄雲外，傾聽心靈的聲音！

祛除不良想法的其他選擇

沒有人可以一直快樂，也沒有人可以不生氣。因為每個人都會面臨壓力，都有情緒不穩定的時候，甚至也有突如其來的打擊……很多人遇到這些事情以後，會找到最初的原因：自己一個不良的想法。

不如意之事十有八九，學會創造快樂

經常聽人說：「心想事成」、「萬事如意」，實際情況卻正好相反：心想難以事成，不如意之事十有八九，讓自己變得情緒難定。

喜怒哀樂，人之常情，但是如果不加以調節，讓不良情緒長期影響自己，就會損害健康，甚至使自己失去信心。

現代心理醫學研究顯示，人類的心理活動和生理功能之間存在內在聯繫。良好的情緒可以使生理處於最佳狀態；反之，就會降低或是破壞某種功能，引發各種疾病。俗話說：「吃飯歡樂，勝似吃藥。」良好的情緒可以促進食欲，有利於消化。心不爽，則氣不順；氣不順，則病易生。所以，有些生理學家把情緒稱為「生命的指揮棒」、「健康的寒暑表」。

醫學專家認為，良好的情緒本身就是良醫，八五%的疾病可以自我控制。只要心情愉快，剩下的十五%也不用依靠醫生，病人的情緒和精神狀態是一個不可忽視的重要因素。所以，我們要做自己情緒的主人，培養愉快的心情，調節自己的情緒，提高適應環境的能力，保持積極樂觀的精神狀態。

保持平常心，做到仁愛、平靜、理智、樂觀、豁達，不以物喜，不以己悲，想得開、想得寬、想得遠，對名利得失採取超然物外的態度，一切順其自然。對那些不愉快的事情，要撥開迷霧，化憂為喜。

法國作家大仲馬說：「人生是一串用無數煩惱組成的念珠！樂觀的人，總是笑著數完這串念珠。」一個人如果可以樂觀對待不如意的事情，就可以煩惱自消，愁腸自解。

很多時候，是我們自己給快樂設定障礙。因此，可以給自己一個建議：不要為享樂設定先決條件。

不要對自己說：「我賺到一萬美元以後，才可以盡情享樂。」

不要對自己說：「我搭上那架飛往巴黎的飛機，就會很高興。」

不要對自己說：「我到了六十歲退休的時候，就可以躺在涼椅上享受日光浴……」

每天的基本目標是：我們有權利享樂，無論自己是一個百萬富翁，或是一個窮途潦倒的流浪漢。

這個世界上，不是沒有煩惱就會快樂。我們是否可以保持愉快的生活？其實，可以運用以下的方法來創造快樂：

精神勝利法。自己的事業、愛情、婚姻不如意的時候，經濟上無法得到合理對待而傷感的時候，無端受到人身攻擊或是負面評價而憤怒的時候，因為生理缺陷遭到嘲笑而鬱鬱寡歡的時候，不妨進行自我安慰以調適心理，營造一個祥和、豁達、坦然的心理氛圍。

難得糊塗法。在一些非原則性的問題上「裝糊塗」，可以提高心理的承受能力，避免不必要的精神痛苦和心理困惑，使自己處變不驚而遇煩不憂，以恬淡平和的心境對待生活中的緊張事件。

隨遇而安法。培養自己適應各種環境的能力，就可以減少自己的煩惱和壓力。古人云：「吃虧是福。」生老病死和天災人禍都會不期而至，用隨遇而安的心境去對待生活，就可以擁有寧靜和清新。

音樂冥想法。出現焦慮、憂鬱、緊張等不良情緒的時候，可以試著進行「心理按摩」——音樂冥想「維也納森林的故事」，坐「郵遞馬車」……

創造快樂不是只有以上的方法，重要的是：我們在生活和工作中，要有平和坦然的心理。

控制情緒，不要讓壞想法逗留

在工作中，我們有精力旺盛、熱情高漲的時候，也有毫無幹勁、情緒低落的時候；我們有因為取得成果而喜形於色的時候，也有因為被主管責罵而感到委屈的時候。

那個時候的「情緒波動」，會影響我們的言行舉止。情緒有些波動並非壞事，但是如果波動過大，就容易惹來麻煩。

如何控制情緒，不讓糟糕的想法影響自己？

學會轉移。火氣上湧的時候，轉移話題或是做事來分散注意力，可以使情緒得到舒緩。在餘怒未消的時候，可以用看電影、聽音樂、下棋、散步等活動，使緊張情緒獲得放鬆。

學會宣洩。我們在生活中，難免會產生各種不良情緒，如果不採取適當方式加以宣洩和調節，對身心將會產生負面影響。因此，如果自己有不愉快或是委屈，不要憋在心裡，可以向朋友和親人訴說，或是大哭一場。這種發洩可以釋放心裡的鬱悶，對於自己的身心發展是有利的。更重要的是：發洩的對象、地點、場合、方法要適當，避免傷害別人。

學會自我安慰。追求某件事情卻無法得到的時候，為了減少內心的失望，可以為失敗找一個冠冕堂皇的理由，用以安慰自己，就像狐狸吃不到葡萄就說葡萄酸的故事一樣，因此稱為「酸葡萄心理」。

學會調節意識。運用對人生、理想、事業等目標的追求和道德法律等方面的知識，提醒自己為了實現目標和任務，不要被繁瑣之事干擾。

學會用語言控制自己。在情緒激動的時候，默誦或是輕聲警告「冷靜下來」、「不要生氣」、「注意自己的身分和影響」等詞句，抑制自己的情緒；也可以針對自己的弱點，預先寫下「制怒」、「鎮定」等條幅，置於桌上或是掛在牆上。

學會自我暗示法。推測到某些場合可能會產生某種緊張情緒，預先為自己尋找幾個不應該產生這種情緒的有力理由。

學會愉快記憶法。回憶自己經歷中遇到的高興事情，或是獲得成功的愉快體驗，回憶那些與現在不愉快體驗相關的愉快體驗。

適當運用轉換環境。處於劇烈情緒狀態的時候，暫時離開引發情緒的環境和相關的事物。

學會幽默化解。培養幽默感，用寓意深長的語言、表情、動作，機智而巧妙地表達自己的情緒。

學會推理比較法。把困難的各個方面進行分析，把自己的經驗和別人的經驗進行比較，在比較中尋找成功的秘密，堅定成功的信心，排除畏懼情緒。

學會壓抑昇華法。不受重用、身處逆境、被人瞧不起、感到苦悶的時候，可以把精力投入某件自己感興趣的事情中，透過成功來改變自己的處境和改善自己的心境。

適應社會，保持樂觀態度。古人云：「人有悲歡離合，月有陰晴圓缺。」人生不如意之事，十有八九。歷史上和現實中，沒有幾件事情是圓滿的。為幾件不如意的事情感到悲觀，情緒低落，甚至厭世，顯然是不合適的。實際生活中，怎麼可能會有十全十美的事情？

生活中，每個人都會遇到許多困難和挫折。因此，只要對社會有深刻的瞭解和認識，就會感到坦然和釋懷。世界上不會有永遠美好的事物，自己身處逆境而情緒不佳，但是透過奮鬥，就可以獲得成功。我們應該適應社會，保持樂觀態度，對生活充滿信心。

如果條件允許，在情緒低落的時候，可以去訪問孤兒院和養老院，看看世界上除了自己的痛苦之外，還有多少不幸。

同時，也要不斷提高自己的修養。一個具有高度修養的人，善於控制自己的情緒，並且自我調節。因此，提高自己的修養對保持愉快情緒和自我調節情緒很有幫助。

無論什麼時候，我們都要控制自己的情緒。一個可以控制自己情緒的人，就可以稱為一個成功的人。

面對壓力的時候，嘗試減少工作

莫妮卡是康乃狄克州一家公司的市場部顧問，她對待壓力的觀點是：由生活和工作產生的心理壓力是不可避免的現代病之一，對待的方法不是迴避而是正確處理。

她經常說：「主動而正確地處理各種問題和困難，得到的回報是快樂和自信。相反地，被動應付的做法會使自己疲憊不堪。」

她有兩個秘密武器：第一個武器是周密的工作計畫，無論是用電腦還是鉛筆和紙來做都無關緊要，重要的是：用制定計畫的方法來保持清醒的頭腦，明確先做什麼後做什麼，哪些是重要的，哪些是次要的……

「每天面對一份如此詳盡的工作計畫，你不會覺得累嗎？」有人這樣問她的時候，她說：「噢，不！一點也不！」伴隨輕鬆的笑聲，她說出自己第二個「武器」：靈活性。「我的計畫具有相當的靈活性，不僅計畫『要做什麼』，也計畫『不做什麼』。」

她幽默地說：「陪孩子看一場足球賽，每個月與丈夫出外共進晚餐，這些都不在我的計畫裡，卻是非做不可的，其他事情可以量力而行。記住，『非做不可的事情』不能太多。」

我們面對繁重的工作壓力，可以思考一下，這些事情非做不可嗎？我們為什麼不像善待別人一樣關愛自己？

幽默是調節身心的妙方

如果一個人經常處於頹廢和沮喪的精神狀態下，疾病纏身的機率就會變得非常高。所以，對於生活壓力很大的現代人而言，學會幽默是一個調節身心的有效妙方。

美國某些科學研究機構已經推行幽默療法，幽默可以使許多患者全身肌肉得到鬆弛，解除煩惱、內疚、憂鬱的心理狀態，進而更有利於疾病的治療。研究顯示，幽默可以減輕煩惱帶來的鬱悶，減輕疾病帶來的痛苦，有利於調節情緒和消除疲勞。

在人生道路上，經常會發生令人鬱悶的事情。如果有幽默感，就可以化鬱悶為動力，擁有一個快樂的人生。幽默不是成功者的專利，它可以表現為一種自嘲，表現為一種調侃，表現為一種風趣詼諧的生活態度，不僅對自己的情緒有益，也可以影響別人。

事實上，幽默並不神秘，每個人都可以做到。我們要擦亮眼睛，認真體會生活，幽默就在生活的點點滴滴中。

幽默來自於樂觀的生活態度和積極的心理狀態。一個有幽默感的人，必定是一個心理健康的人，知道如何以幽默來保持樂觀、打破僵局、消除敵意、化解尷尬。一個幽默的人，不僅可以自我消遣，排除各種鬱悶情緒，也可以把這種快樂傳染給別人，進而建立和諧健康的生活環境。

清空大腦，學會遺忘

美國作家柏納特曾經寫過一本《小公主》，書中的主角莎拉曾經是一個富家女，但是她的爸爸突然死去，並且破產了，只留下她這個十歲的小女孩。她的生活從天堂掉到地獄，每天都要工作，還要忍受別人的譏諷和嘲笑。但是她依然很快樂，她接受這個事實，並且幻想有一天幸福會降臨，進而忘記痛苦和屈辱。我們在面對這樣的環境的時候，是不是也應該這樣？

人們總是希望自己活得更快樂更灑脫，可是身處塵世，放眼四周，卻經常會有人說自己不快樂，被一種不可名狀的困惑和無奈纏繞著。**我們為什麼不快樂，一個重要的原因就是：我們沒有學會遺忘。**

在日常生活中，在人生路途上，我們看到的不全是讓自己愉悅而開心的風景，還會遇到許多挫折和不幸，有些甚至是致命的打擊。**因此我們要學會遺忘，對於我們來說，遺忘是一種明智的解脫。**

一次不應該有的邂逅，一場無益身心的遊戲，一次不成功的使人失魂落魄的戀愛，一場讓人失去進取心的空虛幻想，這些都是我們應該從記憶的底片上必須抹去的鏡頭。因為我們還在人生路途上行走，我們追求的事業和目標在前方不遠處，刻意遺忘是為了使自己更好地趕路，使自己走得更輕鬆。

人們經常為了名利將自己弄得疲憊不堪，將別人對待自己的許多誤解銘記於心，將別人的輕視耿耿於懷。於是，原本打算給自己營造一個輕鬆愉悅的天地，卻不料最後反而給自己套上一個又一個精神枷鎖，心裡的那片藍天在不知不覺中抹上灰色，伴隨成長的足跡深植於心，在不經意中折磨自己。這個時候，我們需要一些遺忘的精神。憂心忡忡的你，不妨到大自然中體會事物本來的神韻，淨化自己的心靈，化解自己的悲苦，遺忘自己應該遺忘的那些東西。

遺忘在某種程度上，也是一種寬容的表現。作為一個普通人，也許你沒有獲得人生中所謂的輝煌，也許你遭受不應該有的嘲諷和輕視，但是你不必為此而苦惱，你完全可以瀟灑地把它們忘記。因為，如果為這些煩事所憂慮，永遠不會獲得人生的輝煌。每個人都需要有一個心靈的空間去反思自己，在這個空間裡，學會遺忘可以讓你感受到自己的空間清澈許多，讓瑣事像漂浮物一樣遠離自己而去，沉澱下來的是自己對生活智慧的領悟。

學會遺忘，不是一件容易的事情，有許多自己想要忘記卻無法忘記的悲傷和痛苦，它們是那麼的刻骨銘心。我們要以平常心去對待痛苦，既然已經發生了，就應該接受它，然後再忘記它，不要為自己的生活增添許多不必要的煩惱。學會遺忘吧，遺忘應該遺忘的，留給自己一個清新寧靜的生存空間，就會感受到欲上青天攬明月的寬闊心懷。

我們只有學會遺忘，生活才會更美好，如果一個人每天胡思亂想，把沒有價值的東西存記在頭腦中，就會感到前途渺茫，人生有太多的不如意，更無快樂可言。所以，我們有必要對頭腦中儲存的東西及時清理，把應該保留的保留下來，把不應該保留的予以拋棄，用理智過濾自己思想上的雜質。

只有清空大腦，善於遺忘，才可以更好地保留人生中最美好的回憶。

心學堂 32

是的，你就是想得太多

企劃執行	海鷹文化
作者	愛喝可樂的金叔叔
美術構成	騾賴耙工作室
封面設計	九角文化/設計
發行人	羅清維
企劃執行	張緯倫、林義傑
責任行政	陳淑貞
出版者	海鴿文化出版圖書有限公司
出版登記	行政院新聞局局版北市業字第780號
發行部	台北市信義區林口街54-4號1樓
電話	02-2727-3008
傳真	02-2727-0603
E-mail	seadove.book@msa.hinet.net
總經銷	知遠文化事業有限公司
地址	新北市深坑區北深路三段155巷25號5樓
電話	02-2664-8800
傳真	02-2664-8801
香港總經銷	和平圖書有限公司
地址	香港柴灣嘉業街12號百樂門大廈17樓
電話	（852）2804-6687
傳真	（852）2804-6409
CVS總代理	美璟文化有限公司
電話	02-2723-9968
E-mail	net@uth.com.tw
出版日期	2024年08月01日　二版一刷
定價	320元
郵政劃撥	18989626　戶名：海鴿文化出版圖書有限公司

國家圖書館出版品預行編目（CIP）資料

是的，你就是想得太多 ／ 愛喝可樂的金叔叔作.
-- 二版. -- 臺北市 ： 海鴿文化，2024.08
面 ； 公分. --（心學堂；32）
ISBN 978-986-392-529-3（平裝）

1. 自我實現　2. 靈修

177.2　　113009506